Wolfgang Rudolph

Geboren in den 40ern

Oh je, wie doch die Zeit vergeht!

VW-Käfer ...

... und ein Traum von Freiheit

HERKULES VERLAG

An diesem Buch wirkten mit:

Christa Rudolph (†), Karin Freiberg, Heinz Pabst (durch die Schilderung eigener Erlebnisse), Rolf Lang, Günter Zinke und Carolin Engel-Faßing (durch Bereitstellung von Fotos und Material)

4. Auflage 2008

Druck und Buchbinderische Verarbeitung:
Druckerei Steinmeier GmbH, Nördlingen

34128 Kassel, Richard-Strauß-Straße 33
Telefon (0561) 9 37 17 38
ISBN 3-937924-21-3
www.herkules-verlag.de

Inhalt

Vorwort

Wer zwischen 1940 und 1949 geboren wurde, hat in vielfältiger Hinsicht entscheidende Phasen der Entwicklung unseres Gemeinwesens miterlebt. Die erste Phase war die des Krieges oder zumindest sei ner Auswirkungen, die infolge Zerstörung der Städte, Darniederliegen der Wirtschaft, Hunger und allseitigem Mangel noch viele Jahre zu spüren waren. Dann kamen, ebenfalls noch in der Kindheit, die 50er Jahre, schon als junger Bürger in einem neuen Staat, der zunehmend von Aufbau und Aufbruchstimmung gekennzeichnet war, auch wenn die Not uns noch ständig begleitete. Die Zeit des Wirtschaftswunders schloss sich an, die „Konsumwelle“ folgte der „Fresswelle“ – Nachholbedarf gab es reichlich.

Als Jugendliche und junge Erwachsene waren die 50er und später auch 60er Jahre voller neuer kultureller Erfahrungen. Eine Jugendbewegung entstand, mit neuen Idolen aus Film und Musik. Der Rock 'n' Roll und dann der Beat hielten Einzug, Kleidung und Verhalten der Jugendlichen änderten sich, antiautoritäre Formen bis hin zum Phänomen der „Halbstarken“ machten sich breit. Und Ende der sechziger Jahre entstand dann auch eine neue politische Kultur, ebenfalls antiautoritär und gegen alles gerichtet, was nach „Establishment“ roch.

Nicht immer haben alle, die unserer Generation angehören, sämtliche dieser Phasen mitgemacht und aktiv ausgelebt. Das hing vom Elternhaus, von den Umständen (wo man lebte, ob auf dem Land oder in der Stadt), und nicht zuletzt auch von den Cliquen, in denen man sich bewegte, oder von individuellen Vorlieben und Bedürfnissen ab.

Aber wir alle kennen diese Phasen, und sie haben uns, ob wir das wollen oder nicht, geprägt. Heute ist es interessant, sich an die Jahrzehnte zu erinnern, die uns als Jugendliche und junge Erwachsene beeinflusst haben. Wie war das damals? Habe ich das auch so erlebt, oder anders? An was erinnere ich mich noch? Zur Beantwortung dieser Fragen möchte unser Band anregen.

Wolfgang Rudolph

Ein Volk auf der Wanderschaft

Von Evakuierten, Flüchtlingen und der ständigen Wohnraumsuche

Die Städte in Deutschland waren weitgehend zerstört. Die Hauptsorge der Menschen galt dem fehlenden Wohnraum – wo sollte man unterkommen, wo fand sich ein Dach über dem Kopf? Solche Fragen wurden zum Dauerthema, vom Zeitpunkt der heftigen Luftangriffe, die vor allem 1943 und 1944 viele Städte flächenhaft ausradiert hatten, bis mindestens zum Ende der 40er Jahre, als noch immer sechs Millionen Wohnungen in Deutschland fehlten.

Oft standen nur Notunterkünfte zur Verfügung. (Vorlage: Deutsches Rotes Kreuz, Landesverband Niedersachsen)

Die Familien, die ihre Häuser und Wohnungen verloren hatten, rückten entweder dichter zusammen, oft in notdürftig geflickten Behausungen, oder sie waren evakuiert, d.h. sie fanden vorübergehend auf dem Land Unterkunft, oft für viele Jahre und meist weit entfernt von der Stadt. Auf diese Weise konkurrierten die ausgebombten Städter noch mit einer anderen Bevölkerungsgruppe: den Flüchtlingen, die vor allem die westdeutsche Bevölkerung allein bis 1947 um zehn Millionen Menschen verstärkten. Sie strömten aus den deutschen Ostgebieten herein und sahen sich vor das gleiche Problem gestellt wie die einheimische Bevölkerung: Wo gab es Wohnraum? Sicher, in den ländlichen Räumen war noch am ehesten Platz, auch wenn es dort allmählich eng zuging. Und nicht immer waren „die Fremden" dort willkommen – schließlich musste man teilen, Unterkünfte ebenso wie Arbeitsplätze, soweit es überhaupt Arbeit gab, und die ohnehin karge Ernährungsgrundlage.

Unsere Familie war in einem Ort untergekommen, der etwa 30 km von der Stadt entfernt lag. Dieser Ort war voll mit Flüchtlingen und Evakuierten. Im Grunde blieben wir dort immer „die Fremden". Man soll auch nicht glauben, dass es auf dem Land Lebensmittel in Hülle und Fülle gab – auch dort war alles knapp. Nur von den kleinen Leuten haben wir was zu Essen gekriegt, mal ein Ei, oder so – die waren am ehesten bereit zu teilen; wer mehr hatte, weniger. Ich habe aber auch später gehört, dass es da große regionale Unterschiede gab. In anderen ländlichen Regionen ging es den Evakuierten besser, da war man großzügiger gegenüber den Fremden, auch zu den Flüchtlingen.

Die Kinder und Jugendlichen zumindest waren ganz gut in die Dorfgemeinschaft integriert, wie man heute sagen würde. Ich kann mich an Ereignisse wie Kirmes und Feuerwehrball erinnern, und in den Sportvereinen, beim Boxen und beim Turnen, waren wir Stadtkinder höchst willkommen – das war eigentlich eine ganz schöne Zeit für uns.

„Diese ewige Pendelei!"

Da in den Dörfern die Arbeit knapp war, orientierten sich die Erwachsenen in die Stadt. Dort gab es schließlich viel zu tun – das Alltagsleben musste wieder aufgebaut werden, Trümmer wurden beseitigt, erste Wohnungsbau- und Instandsetzungsmaßnahmen liefen an, Handwerk und Gewerbe wurden allmählich wieder errichtet. Das führte zu einer ständigen Pendlerbewegung – vom Ort der Evakuierung in die Stadt, und abends wieder zurück.

Viele Wohnungen waren zerstört. Trümmer wurden nach und nach beseitigt. (Vorlage: Herkules Verlag)

Wir waren bei Verwandten in einem Dorf untergekommen, das einige Kilometer von der Stadtgrenze entfernt lag. Dort ging es uns eigentlich ganz gut, schließlich war man ja verwandt, und fühlte sich gegenseitig stärker verpflichtet. Im Prinzip wollten meine Eltern und Großeltern aber auch möglichst schnell wieder in die Stadt zurück. So führten die Wege der Erwachsenen, manchmal auch von uns Kindern, oft in die Stadt, wo man nach Wohnraum Ausschau hielt. Wenn man Glück hatte, konnte man mit dem Bus fahren, ansonsten fuhr man die Strecke hin und zurück mit dem Fahrrad, viele liefen auch einfach zu Fuß. Dabei hatte man seine Tagesverpflegung, das „Hasenbrot", dabei.

Von unserem Ort in die Stadt wurde mit dem Zug gefahren. In den Waggons saßen immer dieselben Leute, aber der ganze Zug war auch völlig überfüllt. Man fuhr bis zu einem Vorortbahnhof oder zum Hauptbahnhof, der Rest des Weges wurde gelaufen. Da die Brücken zerstört waren, musste man den Fluss mit der Fähre überqueren. Man darf sich aber nicht vorstellen, dass das Zugfahren unseren heutigen Vorstellungen entsprach. Die Dampflokomotiven wurden mit Braunkohle befeuert, was dazu führte, dass oft kein ausreichender Druck im Kessel vorhanden war – in einer Mittelgebirgsregion war es sehr schwierig für den Zug, die kurvenreiche und zum Teil steile Strecke auch zu schaffen, vor allem pünktlich. So war nicht zu kalkulieren, wann man abends wieder zurück war – das konnte um sieben sein, aber auch erst um neun.

Geschafft! Wieder eine eigene Wohnung!

Wie lange die Evakuierung im Einzelfall auch immer dauerte – sehnsüchtig fieberten die Menschen aus der Stadt dem Tag entgegen, an dem sie wieder zurückkehren konnten, in eigene vier Wände. Viele nutzten das tägliche Pendeln, um tatkräftig am Hausbau mitzuwirken.

Meine Eltern, die Großeltern, der Urgroßvater, meine zwei Geschwister und ich bekamen wieder eine Wohnung in dem Gründerzeithaus, in dem die Familie schon im und vor dem Krieg gelebt hatte. Mein Vater hatte bei der Instandsetzung unter anderem des Daches mitgeholfen. All diese Menschen, also acht, teilten sich nun eine Drei-Zimmer-Wohnung. Aller-

Manche bauten auch schon ihr eigenes Häuschen. (Vorlage: Waltraud Korsch)

dings hatte sich der Urgroßvater noch ein einzelnes Zimmer in einer anderen Wohnung hinzugemietet, damit etwas mehr Platz vorhanden war. Bei aller Enge: Wir waren wieder in der Stadt und hatten eine eigene Wohnung! Natürlich entsprach der Wohnungsstandard nicht unseren heutigen Maßstäben, so gab es in der ersten Zeit keine Glasscheiben in den Fenstern, die waren mit Pappe verkleidet. Die Großeltern wohnten bis 1952/1953 bei uns, dann zogen sie in eine andere Wohnung, und wir Geschwister hatten mehr Platz. Das anfänglich enge Zusammenleben führte neben der gänzlich fehlenden Privatsphäre noch zu anderen Problemen. So war es üblich, dass wir Kinder auch im Bett zwischen den Großeltern auf der „Besucherritze" geschlafen haben. Unter solchen Bedingungen grassierten mitunter auch ansteckende Krankheiten. Ich kann mich gut erinnern, wie wir uns mit schwarzer Teersalbe eingerieben haben, gegen die damals umgehende Krätze – fast jeder hatte sie!

Bauen mit Hilfe der Gewerkschaft, aber Tapeten „auf Stottern"

Mein Vater nutzte die Zeit der Evakuierung, in der Stadt ein eigenes Häuschen zu schaffen. Dort entstand in einer Stadtrandgegend eine neue Wohnsiedlung, im Einfamilien-Siedlungsbau. Eine Wohnungsbaugesellschaft war beteiligt und die Gewerkschaft, in der mein Vater Mitglied war, gab auch Geld dazu. Aber mein Vater musste auch kräftig mithelfen, im Wald musste Holz geschlagen werden, und aus dem Trümmerschutt der Stadt wurden Steine geklopft.

Ich kann mich gut erinnern, dass wir am 1. Mai 1950 eingezogen sind – die Evakuierung hatte ein Ende. Aber das Häuschen war zu diesem Zeitpunkt noch nicht fertig! Mit dem Innenausbau haperte es noch. Wir hatten zum Beispiel kein Geld für Tapeten, so mussten diese „auf Stottern" (gegen Abzahlung in Raten) beschafft werden.

Amerikanische Soldaten beim Einmarsch in eine zerstörte Stadt.

Die Amis rücken ein ...

... mit schwarzen GIs, Kaugummi und Schokolade

1945 waren die Amerikaner, die in den Westzonen die Hauptlast beim Sieg über die Naziherrschaft getragen hatten, einmarschiert und bildeten in ihrer Zone die Besatzungsmacht. Die amerikanischen Soldaten, viele von ihnen waren Schwarze, wurden am Anfang ängstlich erwartet, später dann zunehmend akzeptiert. Nicht nur, weil von ihnen Kaugummi und Schokolade zu erwarten war (für die Kinder insbesondere ein wesentlicher Sympathie-Punkt, den sie auf sich vereinten), insgesamt verhielten sie sich gegenüber den Deutschen auch weitgehend fair, soweit man einen solchen Begriff nach einem angezettelten und verlorenen Krieg verwenden kann.

Wir hatten nichts gegen die amerikanischen Soldaten. Zu uns Kindern waren sie, soweit ich in die Endvierziger Jahre zurückdenken kann, fair und gönnerhaft. Wir bekamen von ihnen Kaugummis und Schokolade, andere Quellen für solche Köstlichkeiten gab es zunächst überhaupt nicht. Die Erwachsenen hatten schon öfter mal Ängste und Vorbehalte.

Später erklärte ich mir das so, dass dies ja in ihrem Leben der erste Kontakt mit weitgehend schwarzen Menschen war – vielleicht haben die wirren Rassentheorien der Nazis da immer noch etwas Wirkung gezeigt.

Aus der Nachbarschaft erfuhr man im Übrigen öfter mal von Anbändeleien zwischen GI's und deutschen „Girls". Ich weiß, dass es damals das Wort von den „Ami-Liebchen" gab, muss aber sagen, dass man solches Gerede bei uns nicht hörte. Es gab jedenfalls Fälle, wo eine Deutsche einen amerikanischen Soldaten (schwarz wie weiß) geheiratet hat, nicht wenige sind ihren Ehemännern später in die USA gefolgt.

Für eine lange Zeit, auch noch in den 50er und 60er Jahren, waren amerikanische Soldaten in Westdeutschland stationiert, wie auch Streitkräfte der anderen West-Alliierten. Auch aus jener späteren Zeit gibt es aus der Generation der in den 40er Jahren Geborenen positive Berichte.

Mein Verhältnis zu den bei uns kasernierten Amerikanern war eigentlich immer positiv. Ich erinnere mich daran, dass wir im selben Wohnquartier eine Siedlung hatten, in der Familienangehörige amerikanischer Offiziere wohnten. Da sind wir als Kinder gern vorbeigegangen (drum herum war ein Drahtzaun) und haben das dortige Leben beobachtet. Besonders beeindruckt hat uns die Weihnachtszeit. Da waren fast alle Fenster dieser Siedlung mit bunten Lichtern, Lichterketten und Weihnachtssymbolen besetzt – ein Bild, das wir erst Jahrzehnte später an deutschen Fenstern ebenfalls gewohnt sind.

GIs vor einem amerikanischen Club. (Vorlage: Rolf Lang)

Und als Schüler kann ich mich an einen Tag der offenen Tür in einer amerikanischen Kaserne erinnern. Dort ging ich hin und verbrachte in der Kaserne einen wunderschönen Nachmittag. Ich spielte mit gleichaltrigen deutschen Jungs Basketball gegen baumlange Schwarze, die mit dem Ball Zauberkünste anstellen konnten, wie wir sie noch nie gesehen hatten. Trotzdem waren sie so nett, uns auch mal gewinnen zu lassen! Und wir konnten völlig kostenfrei Erfrischungsgetränke genießen, von denen wir noch nie etwas gehört, geschweige denn geschmeckt hatten. Ginger Ale gehörte dazu, und die Getränkemarke „7 up". Cola kannten wir damals – Anfang der 60er – natürlich schon, solche anderen exotischen Köstlichkeiten aber noch nicht.

„Der Hunger kam erst nach dem Krieg"

Von Bezugsscheinen, Kohlenklau und Kartoffeln über Lohnabzug

Sicher wurde die Versorgungslage auch während des Krieges immer enger. Übereinstimmend wird jedoch berichtet: „Der richtige Hunger kam erst nach dem Krieg!" Die Verpflegungslage war bis Kriegsende wenigstens einigermaßen intakt. Dann hamsterte man die letzten Rationen, und als diese verbraucht waren gab es bis zum Anlaufen erster Versorgungsmaßnahmen unter der jeweiligen Besatzungsmacht erst einmal nichts. Bis zum Ende der 40er Jahre dauerten Nahrungsmangel und -not an, erst zu Beginn der 50er Jahre verbesserte sich die Situation allmählich. Rückschläge gab es in so genannten „Hungerjahren" – 1947 war ein solches. Ein heißer, trockener Sommer verschärfte die Not durch mangelnde Ernte.
Wiesen, Parks, Ödland – jedes freie Stück Land wurde zum privaten Anbau von Gemüse genutzt. Man improvisierte und

experimentierte, und probierte die eigenartigsten Rezepte aus: Brennnesselgemüse, oder solches aus Löwenzahn und Wegerich, Kaffee aus Gerste und Suppen aus gesammeltem Sauerampfer. Tausch-, sprich: Schwarzhandel bildete die Basis des Wirtschaftens, zumindest bis 1948. Ansonsten, auch wenn manche im Nachhinein nicht mehr gerne darüber redet: Legal waren die meisten Quellen der Lebensmittel- und Energiestoffbeschaffung nicht. Aber so war das eben. Die Not diktierte die Maßnahmen zum Überleben in jener Zeit. Wie überleben wir –diese zentrale Frage beschäftigte die Menschen von früh bis spät.

Es wurde ständig Holz zum Feuern gebraucht, für den Herd oder den Ofen. Das trockene Holz von heruntergefallenen Ästen oder trockenen Stämmen war schnell verbraucht, dann ging man an die Substanz: Da verschwand auch mal eine Sitzbank aus einer städtischen Grünanlage. „Kohlenklau“ war ein übliches Verfahren, um an den begehrten Brennstoff zu kommen. Von stehenden und selbst von fahrenden Güterzügen wurden die Kohlen säckeweise heruntergeholt. Auch die, die an der Quelle saßen, beteiligten sich daran. So hatten wir einen Lokführer, auf der Strecke zu dem Ort, in dem wir evakuiert waren, der immer an einer ganz bestimmten Stelle einen Sack Kohlen aus der Lok warf. Später hat er den Sack dann dort abgeholt – er wohnte ganz in der Nähe.

Zuban war eine der damals gängigen Zigarettenmarken. Anzeige aus 1950. (Vorlage: Rolf Lang)

Als Kinder haben wir im Buchenwald Bucheckern gesammelt – massenweise. Die haben wir dann an Sammelstellen abgegeben und dafür Speiseöl bekommen. Auch die Raucher, und das waren unter den Erwachsenen mehr als heute, hatten ein Beschaffungsproblem. So wurden in vielen Gärten Tabakpflanzen gezogen. Ich habe damals die Geschichte gehört, dass der Sohn eines Tabakfabrik-Besitzers zu den Zugpendlern gehörte, die immer in die Stadt fuhren. Eines Tages soll er im ganzen Waggon Zigaretten verteilt haben. Das muss wie Weihnachten und Ostern auf einen Tag gewesen sein – es heißt, das Lied „dem Spender sei ein Trullala ...“ habe im Zug noch lange nachgeklungen.

„Die Marken-Abrechnung war schrecklich“

Die Verteilung von knappen Waren wie Lebensmittel und anderen Gütern funktionierte über Lebensmittelmarken und Bezugsscheine. Dieses System gab es schon im Krieg, aber auch zwischen 1945 und 1948.

Mein älterer Bruder war Lehrling. Zu seinen Pflichten gehörte unter anderem, dass er morgens das Frühstück für die ganze Belegschaft der Werkstatt einkaufen musste – Brötchen und Wurst. Dann hat ihm jeder das entsprechende Geld und die notwendigen Lebensmittelmarken in die Hand gedrückt.

Ein Konfirmationsbild. (Vorlage: Rolf Lang)

Er hatte zum Beispiel von einem Kollegen Marken im Wert von 1000 Gramm für Wurst erhalten, und musste diesem dann für 900 Gramm Marken wieder zurückgeben, wenn er wiederkam. Und das bei allen Gesellen, in unterschiedlicher Weise, neben der Kleingeld-Abrechnung. Das hat mein Bruder gehasst – er hat zu Hause oft berichtet, wie schrecklich das war, weil er sich so sehr konzentrieren musste. Schuhe zum Beispiel gab es auf Bezugsschein, wir Evakuierten erhielten auch Wolldecken auf Bezugsschein.

Als mein Bruder 1947 Konfirmation hatte, hat er keine Geschenke bekommen – es gab ja nichts. Dafür hatte meine Mutter den ersten Nachkriegskuchen zustande gebracht. Ich weiß noch, wie mein Vater den Zollstock holte, um die Kuchenstücke gerecht aufzuteilen! Und dann gab es noch ein interessantes System der Lebensmittelbeschaffung Ende der 40er Jahre. Wer Arbeit hatte und in einer richtigen Firma beschäftigt war, konnte gegebenenfalls in den Besitz von Lebensmitteln kommen, indem die Firma eine Großbestellung aufgab und zum Beispiel Kartoffeln zu einem günstigen Preis orderte. Die wurden dann an die Beschäftigten ausgegeben, und das Geld dafür wurde gleich vom Lohn einbehalten. Dieses Verfahren gab es später auch bei Konsumgütern, zum Beispiel, als die ersten elektrischen Rasierapparate aufkamen. Da zog man den Lohn auch ab für Ratenzahlungen.

Ausgabe der 40 DM anlässlich der Währungsreform.

40 Mark für jeden: die Währungsreform

Erst herrschte Mangel, dann gab es volle Schaufenster

Als Kind haben es die Anfang der 40er Jahre Geborenen noch erlebt, die späteren Jahrgänge haben davon zumindest profitiert: 1948 kam die Währungsreform in Deutschland. Die alte Reichsmark verlor ihre Gültigkeit, der Schwarzhandel verlor einen Großteil seiner Grundlage und jeder in Deutschland bekam 40 Deutsche Mark ausgezahlt. Am Tag vor der Währungsreform waren die Schaufenster der Läden noch völlig leer und es schien wie ein Wunder, als sich am Tag der Währungsreform die Auslagen voller Produkte und Waren präsentierten.

Ich war noch ziemlich klein, Ende der vierziger Jahre, und an das Geld kann ich mich aus dieser Zeit kaum erinnern. Sobald ich aber mit Groschen und Pfennigen zu tun hatte, zum Beispiel beim Kauf von Süßigkeiten, gab es schon die Deutsche Mark. Aber vom Erzählen der Eltern wusste ich, wie sehr sie

Volle Schaufenster am Tag nach der „Währung“.

mit dem Geld herumrechneten – es reichte vorne und hinten nicht. Dennoch habe ich mitbekommen, dass es etwas mit Stolz und Selbstbewusstsein zu tun hatte, wenn man „richtiges“ Geld besaß, egal, wie viel es war. Auch mir ging das so – vor dem Bonbonglas im Krämerladen. Man hatte einen klar definierten Wert in der Hand – einen Groschen zum Beispiel, und dafür konnte man einen reellen Gegenwert erwarten. Der Tausch „Ware gegen Ware“ war zwar viele Jahre zum Überleben notwendig, aber würdevoll oder eine besondere zivilisatorische Errungenschaft war das wohl nicht.

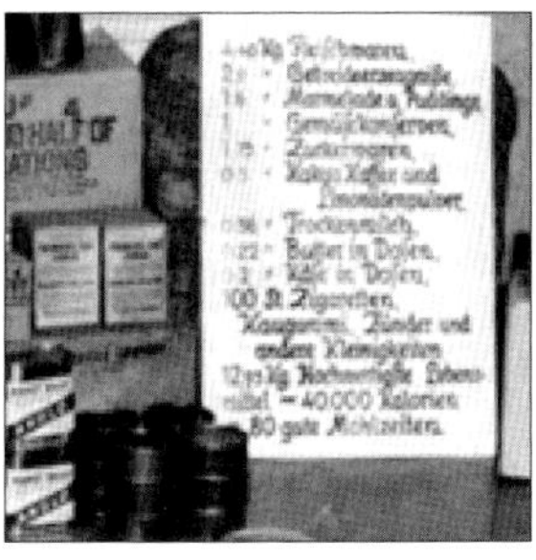

Die Amerikaner schickten Care-Pakete.

Kinderspiele im Quartier

Klingelstreiche, Mutproben, Hickelhäuschen und Drachen steigen lassen

Kinder leben immer in zwei Welten – in der Welt der Erwachsenen und der eigenen Eltern, und in der Welt ihrer Altersgenossen, mit denen sie gemeinsam und spielerisch die Regeln, die alles zusammenhalten, entdecken, erproben und mitunter überschreiten. So haben all die Spiele, die auf der Straße, in Hinterhöfen oder an sonstigen Orten und Plätzen in den 40er und 50er Jahren stattfanden, vor allem die Funktion, sich als soziales Wesen zu begreifen und zu testen. Das erklärt, dass solche Spiele nicht immer nur „brav" ablaufen, sondern auch mit „Grenzüberschreitungen" zu tun haben – oft auch im wahrsten Sinne des Wortes.

Die Kinder einer Altersstufe – zwischen sechs und zehn Jahren – bildeten Anfang bis Mitte der 50er Jahre in unserer Straße eine Clique. Die Spielgebiete befanden sich auf der Strße vor den Häusern, in den Hinterhöfen und im nahe gelegenen Park. Zum Herbst gehörte unbedingt dazu, von der Anhöhe im Park aus Drachen steigen zu lassen, die mit Hilfe der Väter selbst gebastelt waren, aber auch, die Kastanien auf dem weiten Hof des Kasernengeländes einzusammeln. Auch der Spielplatz im Park war sehr beliebt, für die Kleineren zunächst der Sandkasten, und für die Größeren die Spielgeräte. Manches Mal kam man mit Schwielen an den Händen nach Hause, weil immer noch eine Runde auf dem „Karussell" gedreht werden musste.

Mutproben und Kämpfe in feindlichem Terrain

Es gab bestimmte Mutproben, um in der Gruppe anerkannt zu werden. Dazu gehörte, einmal von der Mauer einer benachbarten Wohnanlage zu springen. Jahre danach noch hatte ich Albträume von der Erinnerung daran. Eine weitere Mutprobe war, im Winter im Park mit dem Schlitten die so genannte „Todesbahn" hinunterzufahren, die, wenn man nicht rechtzeitig bremste und lenkte, den Abhang direkt hinunter auf die Bahngleise führte.

Sicher keine Mutprobe waren die Klingelstreiche, die wohl heute noch bei Kindern beliebt sind. Ob uns wohl irgendwann die alte Dame verziehen hat, die besonders oft daran glauben musste, weil sie sich so schön aufregen konnte, für die wir aber einfach zu schnell waren? Zu bestimmten Zeiten, vor allem in den Ferien, war das beherrschende Spiel der Kinder ein Krieg in den Ruinen und Schuttplätzen hinter dem Park, zwischen unserem und dem nächsten Stadtteil. „Krieg der Knöpfe" nannten wir das. Der Bach bildete die Grenze, und bei mutwilligem Überschreiten kämpften die Kindercliquen aus beiden Stadtteilen gegeneinander, mit Steinewerfen, Verhauen oder zumindest dem Androhen dieser Maßnahmen. Aber auch eine Parallelstraße im eigenen Stadtteil war „feindliches" Gebiet. Man nahm also, von der Mutter zum Einkaufen geschickt, unter Umständen auch Umwege in Kauf.

Roller, Rollschuhe und Murmelspiel ...

Erst zu Ostern durften zum Spielen Kniestrümpfe angezogen werden. Einmal war es Ostern noch sehr kalt, trotzdem bestanden wir auf unserem Recht auf Kniestrümpfe. Als Überraschung gab es zusätzlich den ersten „Ballonroller" (oder auch unter „Luftroller" bekannt), der sofort ausprobiert wurde und die Kältegefühle vergessen ließ.

Ein beliebtes Spielzeug in den 50ern: der Roller aus Holz. (Vorlage: Herkules Verlag)

Ein kleiner Wermutstropfen war, dass dieser Roller meiner Schwester und mir zugleich geschenkt worden war, überdies mit der Aussage, dass demnächst auch der kleine Bruder darauf einen Anspruch haben würde. Rollschuhe, die einige Kinder in unserer Straße besaßen, waren leider jenseits der finanziellen Möglichkeiten unserer Eltern.

Wer Glück hatte, bekam von seinen Eltern sogar schon einen Roller mit Luftbereifung. (Vorlage Herkules-Verlag)

Auf den Straßen wurde Hickelhäuschen gespielt, Springseil und später, als dieser aufkam, auch mit dem Hula-Hoop-Reifen. Verstecken und Kriegen gehörten natürlich auch zu unserem Spiele-Repertoire. Jede kaputte Pflasterecke – bei Bedarf musste eben nachgeholfen werden – wurde genutzt, um Wettkämpfe im Murmel-Spielen auszutragen. Ich fühlte mich sehr reich, wenn ich abends statt der unscheinbaren Einsatz-Tonmurmeln wunderbare Glasmurmeln mit bunten Mustern hatte. Noch heute kann ich auf keinem Flohmarkt an diesen Glanzpunkten der Kinderzeit vorbeigehen. Gibt es wohl noch das kleine Loch im Steinfußboden auf dem Treppenaufgang zum Dachboden in unserem damaligen Mietshaus, das uns erlaubte, auch bei schlechtem Wetter mit Murmeln zu spielen?

Die Hinterhöfe mit ihren Bleichen und Waschhäusern dienten ebenfalls als Spielplatz. Hier wurde Indianer gespielt, vorzugsweise von den Jungen, die trotz Federschmuck und Kriegsbemalung niemanden erschreckten.

… und die Eltern sorgten für die Verpflegung

Mit ganz wenigen Ausnahmen von Erwachsenen, die sich über Lärm oder Belästigung beschwerten, hatten die Kinder eine treue Zuschauerschar, die vom Fenster oder Balkon aus dem Spiel zuschaute und sich dabei untereinander unterhielt. Wir Kinder erfuhren dabei mancherlei von den Sorgen und Nöten der Erwachsenen, natürlich auch Klatsch und Tratsch aus der Nachbarschaft. Wenn wir Hunger hatten, riefen wir nur „Schmeißt du mir mal ein Brot runter?". Trotz der Antwort von oben „… dann musst du raufkommen!", kam etwas später die gewünschte Verpflegung, sorgsam verpackt und gezielt geworfen. Meist Brot mit Margarine und sparsam Zucker darauf. Heute sieht es für die Kinder etwas anders aus in unserem Stadtteil. Die Sandkästen und Spielplätze sind die gleichen geblieben, aber die Spiele auf der Straße sind wegen des Verkehrs in dieser Form nicht mehr möglich.

Das Leben in der Mansardenwohnung

Waschtag, Badetag, Blindgängersprengungen und die Flucht vor dem Gewitter

Der Wohnformen gab es viele in den 50er Jahren. Vom Wohnraummangel war schon die Rede. So galt es, Phantasie walten zu lassen, jede Fläche, die sich für eine Wohnung eignen konnte, auszunutzen. Größere Wohnungen wurden geteilt, Untermietverhältnisse waren an der Tagesordnung. Größere Mietshäuser, in denen früher ein Trockenboden und Mansardenkämmerchen bestanden, erhielten dort unter dem Dach eine neue Wohnung. Zehn, 20 Jahre später war dieser Wohnraumstandard schon nicht mehr zeitgemäß, damals aber war man froh und glücklich, „ein Dach über dem Kopf zu haben". Wie sah der Wohnalltag zu dieser Zeit aus?

Ich wohnte mit meinen Eltern von 1949 bis Mitte der 60er Jahre in einer Mansardenwohnung, klein, bescheiden – Nachkriegsbehelf. Dennoch gab es einen großen Vorteil: Der Blick aus den Fenstern in den Mansardengauben reichte vom 6. Stockwerk weit über die Stadt bis ins Umland.

Erinnerungen an das Leben und den Alltag gibt es viele. Über eine nicht enden wollende Zahl von Stufen erklomm man im Treppenhaus das letzte Geschoss – normalerweise der Zugang zum Boden. So war unsere Wohnungstür auch eine eiserne Feuerschutztür, und keine so schicke, wie in all den Stockwerken darunter, aus Holz und Glas, mit Innengardinen. Betrat man unsere Wohnung, so führte ein langer Flur nach rechts und links. Gegenüber lagen die drei Zimmer, links, am Ende des Flures, war auf der Gegenseite die Küche und rechts das Bad mit Toilette. Das spannendste an der Wohnung war eine weitere Feuerschutztür am Ende des Flurs links, vor Kopf. Sie führte auf ein Stück Dachboden, bis zum Ende des Hauses – auf gleicher Ebene mit der Wohnung. Betrat man diesen Boden, eröffnete sich sogleich eine weitere unverhoffte Perspektive: An der Wand lehnte eine hohe Leiter, und mit deren Hilfe gelangte man noch ein Stockwerk höher, auf den Spitzboden des Hauses, der sich viele Meter über unsere Wohnung und die Mansardenwohnung des Nachbarhauses erstreckte. Dies war natürlich mein geheimer Abenteuerspielplatz. Durch die Dachluken war der Ausblick noch interessanter. Dort unternahm ich viel später auch meine ersten heimlichen Rauchversuche, mit einer alten, vom Vater abgelegten Pfeife, die ich in Ermangelung von Tabak mit Pfefferminztee voll stopfte.

Am Tag der deutschen Einheit, der in den 50ern zum Feiertag wurde, gab es damals immer den Aufruf, Kerzen in die Fenster zu stellen, um den Deutschen in der DDR, oft auch noch „Sowjetzone" genannt, zu gedenken. Ich glaube, über das Schicksal der Landsleute im Osten Deutschlands wusste ich recht wenig, aber der abendliche Blick über die Stadt, mit all den Kerzenlichtern in den Fenstern, der beeindruckte mich doch stark.

In den 50er Jahren kamen oft noch Bettler in die Häuser, sie boten allerdings eine kulturelle Gegenleistung: Sie standen unten im Treppenhaus und sangen aus vollem Hals. Oder es wurde Musik gespielt. Dann öffneten sich die Wohnungstüren und ein paar Münzen klimperten in der Mitte des Treppenhauses, zwischen den Geländerstreben, nach unten.

Waschen und Baden in der Zinkwanne

Ein größeres Ereignis war der Waschtag. Dann kam weibliche Verwandtschaft meiner Mutter zu Hilfe, die Arbeit dauerte von morgens bis nachmittags. Zuerst wurde Wasser im Einkochbehälter auf dem Herd heiß gemacht und in die

Einmal im Monat war „große weiße Wäsche". (Vorlage: Herkules Ver-

Zinkwanne geschüttet, die uns sonst auch zum Baden diente. Dann kam die Wäsche in die Wanne, und Waschbrett und Wäschestampfer traten in Aktion. Zumindest bei größeren Wäschestücken war das Auswringen der Wäsche nach dem Spülen ein größerer Kraftakt. Eine spätere Modernisierung brachte die Anschaffung einer Wringpresse mit zwei Gummiwalzen und einer seitlich angebrachten Kurbel. Aufgehängt wurde die Wäsche auf dem benachbarten Trockenboden, auf dem ohnehin der gesamte Waschvorgang stattfand, weil die Wohnung dazu zu klein war.

Baden in der Zinkwanne. (Vorlage: Herkules Verlag)

Samstagabends war Badetag. In der mobilen Zinkbadewanne badeten in immer gleicher Reihenfolge alle Familienmitglieder nacheinander, in jeweils frischem Badewasser – das war nicht in allen Familien so! Im Bademantel saß man dann in der Küche beisammen, zur Feier des Tages gab es zum Abendessen etwas Besonderes, Kakao mit Butterbrötchen, das ganze trug den Charakter eines Rituals. Im Wohnzimmer stand das Radio – der Schwarz-Weiß-Fernseher kam erst in den Sechzigern –, dort hörte man anschließend die Sendung „Der Berliner verliert die Ruhe nicht" – eine Art Kabarett aus dem geteilten Berlin.

Vermisstenmeldungen und Blindgängersprengung

Das Radio hatte ohnehin einen hohen Stellenwert: Im Rundfunk kam die Quizsendung „Frankfurt/London" – zum Schluss war immer noch Zeit für eine Kurzfrage, das so genannte „Quickie". In guter Erinnerung habe ich noch die Tante Jo aus der Kinderfunksendung, aber auch die nicht enden wollenden Namenslisten der im Krieg Vermissten, über deren Schicksal es Erkenntnisse gab. Diese Namen wurden vom Suchdienst verlesen. Wenn die Sendung kam, war ich der „Wachhabende“ vor dem Rundfunkempfänger und musste auf einen bestimmten Namen achten, den meines Onkels, der aus dem Russlandfeldzug nicht heimgekehrt war. Sein Name wurde im Übrigen nie verlesen, sein Schicksal blieb ungeklärt.

Politik und Krieg spielten über den Rundfunkempfänger für mich ohnehin eine gewisse Rolle. Ich weiß noch, dass meine Eltern an einem bis dahin entspannt verlaufenen Samstagabend bedrückter und bedrückter den Nachrichten lauschten. „Kommt auch hier Krieg?“, war die bange Frage, die sie thematisierten und meinten die Entwicklung des scheinbar fernen Korea-Krieges. Diesen Begriff nahm ich, neben dem Wissen über den vergangenen Zweiten Weltkrieg, als ersten in meiner Kindheit auf, als Synonym für den aktuellen Unfrieden in der Welt. Mein Blick fiel an diesem Abend auf den gerahmten Spruch, der im Wohnzimmer an der Wand hing: „Leben heißt kämpfen“, stand dort. Erst später begriff ich, dass damit noch etwas anderes

Der Wiederaufbau der Städte ging nur langsam voran.
(Vorlage: Rolf Lang)

gemeint war als Kampf im Krieg. Auf der anderen Straßenseite lag eine große städtische Grünanlage – ein idealer Spielplatz im Sommer, mit Murmelspiel oder Rollerfahren in einem ehemaligen Feuerlöschbecken. Dieses große Becken stand uns Kindern aber nicht immer zur Verfügung. Ich kann mich noch an die lauten Hornsignale erinnern, die die dortige Sprengung von Blindgängern ankündigten, die bei Bauarbeiten in der Umgebung gefunden worden waren.

Ein paar Straßen weiter wohnten meine Großeltern und meine Tante. Diesen Weg ging ich oft, um die Verwandten zu besuchen. Zum einen hielten sie auf der Wäschebleiche hinter dem Haus Hühner, mitten in der Stadt. Mit denen durfte ich spielen. Was ich nicht durfte, aber dennoch heimlich tat, war das Aufsuchen dort benachbarter Trümmergrundstücke, in denen wir Kinder uns gern herumtrieben – es waren beliebte Abenteuerspielplätze.

… und bei Gewitter-Alarm in den Keller

Eine seltsame Gewohnheit meiner Eltern gab es, über die ich später oft nachgedacht habe, die mir als Kind aber vertraut war. Die Lage der Mansardenwohnung oben im Haus brachte mit sich, dass man die Wetterlage gut beobachten konnte. Wenn nun ein Gewitter im Anzug war, und die waren in den damaligen Sommern häufig und heftig, brach in der Wohnung Hektik aus. Meine Mutter packte rasch eine Tasche mit den wichtigsten Familienpapieren und trieb uns zur Eile an. Dann ging es im Galopp das Treppenhaus hinunter. Unten betraten wir den Kellergang. Direkt unter der Treppe hatten wir einen Kellerverschlag, in dem Kartoffeln und Kohlen lagerten. In einem Wandregal standen all die Gläser mit dem eingemachten Obst. Dort hielten wir uns

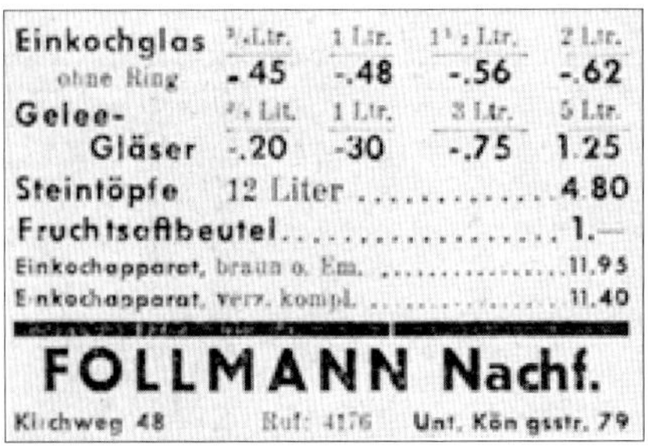

Mit diesen Behältmissen war das Kellerregal bestückt. (Vorlage: Günter Zinke)

auf, bis das Gewitter vorüber war, dann ging es zurück in die Wohnung. Ich fand die Aufenthalte im Keller schaurig-schön, während es draußen donnerte. Im Nachhinein denke ich, dass es weniger das Gewitter an sich oder die Gefahr des Einschlages von Blitzen war, die meine Eltern in den „Schutzraum" trieb, sondern die Erinnerung an die Bombenangriffe im Krieg.

Frigeo Brause, Liebesperlen und Nappo

Oder selbst gemachte Bonbons und „Läusedreck"

„Lebensqualität" war sicher zu allen Zeiten ein dehnbarer Begriff. Nicht alle haben immer das Gleiche darunter verstanden, und die Erwachsenen der 50er Jahre, unsere Elterngeneration, hatten sicher ihre eigenen Vorstellungen von dem, was zum Leben gehörte und wünschenswert war. Für die Kinder galt dies natürlich auch. Sie brauchten ihresgleichen und die gemeinsamen Spiele, mitunter aber auch – Süßigkeiten!

Eine „Trinkhalle" in den 50er Jahren. (Vorlage: Rolf Lang)

Wenn wir den Laden des Gemischtwarenhändlers betraten, starrten wir sehnsüchtig auf die Köstlichkeiten, die er in großen übereinander gestapelten Bonbongläsern und in seinen Regalen, für uns Kinder gut sichtbar, bereithielt. Die Süßigkeiten konnte man grob in drei Kategorien einteilen: Da waren zunächst die, die in der Regel einfach unerreichbar, weil zu teuer waren. Dazu gehörten die Bonbonnieren und auch meistens die Schokoladetafeln. Zur zweiten Kategorie gehörten die billigeren, aber mengenmäßig geringen Süßwaren wie z.B. Storck-Riesen oder Mohrenköpfe, und die dritte und interessanteste Gruppe bestand aus solchen Süßigkeiten, bei denen die Preis-Mengen-Relation unserer Meinung nach besonders günstig war. Dazu gehörten die berühmten Himbeerbonbons aus dem Glas, die Lakritzschnecken, die großen Tüten mit Waffelbruch (wie schön, dass es Leute gab, denen es wichtig war, intakte, vollständige Waffeln zu bekommen, führte dies doch dazu, dass die Händler gezwungen waren, das gleiche Material, weil zerbröckelt, billiger zu verkaufen).

Eine Sonderrolle nahmen Nappos ein, mit Schokoguss überzogene rautenförmige Riegel aus einer weißen, sehr süßen und harten Karamellmasse, die nicht besonders groß, aber außerordentlich ergiebig waren. Schließlich sei noch an die gute Frigeo Brause erinnert, die 5 Pfennig kostete und vorzugsweise in den Geschmacksrichtungen Himbeere (künstlich) oder Waldmeister (ebenfalls sehr künstlich) sowohl als Pulver oder als Würfel erhältlich waren. In den seltensten Fällen führten wir sie ihrer Bestimmung zu, nämlich in Wasser aufgelöst getrunken zu werden. Viel besser fanden wir das Prickeln, wenn wir das Pulver mit dem Strohhalm langsam aus der Tüte oder mit der Zunge aus der Handfläche schleckten.

Die Entscheidung fiel schwer …

Wenn man in den 50ern mit 10 Pfennig ausgestattet war, gab es eine Menge Entscheidungsarbeit zu leisten: Sollte man einen Mohrenkopf oder zehn Himbeerbonbons oder zwei Tütchen Brause erstehen? Oder sollte man noch einen Groschen investieren und eine Babyflasche oder einen gläsernen Spazierstock, gefüllt mit Liebesperlen (ein früher Beweis für die Leistungsfähigkeit der deutschen Chemieindustrie) kaufen?

Bei der angespannten finanziellen Lage der meisten Haushalte in der Aufbauphase der Bundesrepublik war natürlich auch der Erfindungsreichtum bei der heimischen Produktion von Süßigkeiten oder Ersatzstoffen gefragt. Wir Geschwister unternahmen zahlreiche Versuche, Schokolade herzustellen, mal mit stark, mal mit schwach entöltem Kakao unter Zugabe von Zucker, Milch, Vanille und anderen Zutaten in wechselnden Mengen. Da uns aber in jedem Fall Butter fehlte, kamen wir nie an den echten Schokoladengeschmack heran.

„Gute Butter" gab es nur selten – Margarine war ein Grundbestandteil der Ernährung. (Vorlage: Rolf Lang)

Beliebt waren selbst gemachte Bonbons: Milch, mit Zucker lange genug in der Pfanne eingekocht, ergab eine Karamell-Masse. Oder „Läusedreck" genannte geröstete Haferflocken mit Zucker wurden erstellt. Von Zeit zu Zeit hatte auch der „Kalte Hund" Hochkonjunktur, eine aus Lagen von Butterkeksen und einer Mischung aus Kakao und geschmolzenem Kokosfett geschichtete Kalorienbombe.

Kalte Winter im Stadtteil

Von Bettdeckchen und Zinkwärmflaschen

Noch war die Not groß – in den 50er Jahren. Einfach alles kaufen, was man benötigte – das ging nicht. Das Geld reichte vorerst nur für die wichtigsten Dinge des Lebensunterhalts, an Kleidung, Brennstoff, und anderen Gütern herrschte noch weitgehend Mangel in den Familien. So wurde viel improvisiert, etliches selbst gemacht, mit Einfallsreichtum und handwerklichem Geschick. Auch die Einflüsse der Natur beherrschten das Leben stärker als heute. Eine Jahreszeit wie der Winter konnte das Leben der Menschen schon erheblich einschränken. Eines aber fällt an den Erinnerungen an damals auf: Man hat die Dinge so genommen, wie sie nun mal waren. Und hat das Beste daraus gemacht, sich auch an Kleinigkeiten erfreut. Die Grundhaltung der Menschen war offensichtlich eine positivere, optimistischere. Das zumindest hat sich schon geändert.

„Denkt an die Winterkartoffeln!“, Anzeige aus 1950.

Wenn es mal Fleisch gab, war das oft Pferdefleisch, Anzeige aus 1950. (Vorlagen: Günter Zinke)

Schneemänner bauen, Rodeln und Rutschen

Heute sind die Winter nicht mehr extrem kalt, dennoch kommen zu dieser Jahreszeit die Erinnerungen an die Kindheit in der 50er Jahren zurück, weil in dieser Zeit alle Winter endlos erschienen und die Tage ausgefüllt waren mit Schneemannbauen im Hinterhof, heftigen Schneeballschlachten und natürlich dem Schlittenfahren, vor allem in den winterlichen Grünanlagen unseres Stadtteils.

Die dortigen Abhänge und kleinen Anhöhen waren damals schon die Schwerpunkte für die Aktivitäten der Kinder. Beliebt, aber auch gefürchtet, war die so genannte Todesbahn,

Der erste eigene Schlitten – und der kleinere Bruder war immer dabei. (Vorlage: Rolf Lang)

die in kurviger Strecke nach unten führte. Einmal mindestens musste man sich trauen, dort hinunterzufahren, und dann half nur beten oder mindestens gut lenken und rechtzeitig abbremsen. Die Schlitten mussten natürlich ständig gepflegt werden, heute würde man dies Tuning nennen. Die Kufen wurden mit Speckschwarten eingerieben, um das Fahrzeug schneller zu machen.

Die damals Älteren erinnern sich sicher voller Schrecken der überall auf den Straßen von uns Kindern angelegten Rutschbahnen, die oft durch abendliche Wasserzuführung noch perfektioniert wurden und dann zu Wettbewerben anregten. Es ist überliefert, dass es in unserer Straße einmal eine 18 Meter lange Bahn gab – dies war sicher ein Rekord.

Ein ökologisches Problem unserer Tage, das Streuen von Salz bei Glatteis, war seinerzeit unbekannt. Gestreut wurde natürlich mit Asche, die ja reichlich vorhanden war.

Solange wir im Freien herumtobten, wurde die Kälte ignoriert. Vor Erfrierungen wurden wir sicher dadurch bewahrt, dass den Winterspielen die nachmittags früh einsetzende Dunkelheit ein Ende setzte, und wir dann in die warmen Wohnungen zurückkehrten.

Der Kampf gegen die Kälte in der Wohnung

Warm war es allerdings meistens nur in einem Zimmer der Wohnung, denn es gab nur Kohleheizung, und den Kohleofen in Gang zu setzen und zu betreiben, war mühsam und auch teuer. Zum Anheizen gab es in den Läden des Stadtteils Holzbündel als Anmachholz zu kaufen, der dazugehörige Fidibus wurde aus alten Zeitungen hergestellt. Und die Kohlen selbst wurden direkt von der Straße in die Keller geschippt, es war also öffentlich zu sehen, wer rechtzeitig Vorsorge betrieb oder auf die letzte Minute erst den Kohlenmann bestellte.

Abends war es aufgrund der kalten anderen Zimmer der Wohnung oft notwendig, sich auch im Bett warm anzuziehen. Die so genannten Bettjäckchen – gestrickt oder gehäkelt – waren kein Luxus, sondern eine Notwendigkeit. Und diejenigen Familienmitglieder, die nicht als abgehärtet gelten wollten, benutzten dann auch die Wärmflasche, die damals meist aus Zink war und für den ersten abendlichen Gebrauch erst einmal mit einem Handtuch umwickelt werden musste. Für unsere Großmütter war dies in diesen Jahren schon eine große Annehmlichkeit, erzählten sie doch noch von den im Herd aufgeheizten Backsteinen als Wärmespender im winterlichen Schlafzimmer. Und selbst im geheizten Zimmer, meist war es die Küche, wurde noch weiter vorgesorgt, damit die Wärme sich hielt: Alle Fensterbänke und Balkontüren waren verhängt mit den dafür vorgesehenen Winterdecken als Schutz vor Kälte und Zug.

So kalt und ungemütlich auch die Zimmer waren, vor allem morgens beim Aufstehen in Dunkelheit und Eiseskälte – es gab einen Ausgleich: die wundervollen Eisblumen an den Fenstern mit immer neuen Mustern, die die Fantasie anregten, aber gleichzeitig daran erinnerten, dass es noch immer Winter war.

Die Kleidung war unter praktischen Gesichtspunkten ausgewählt, und nicht etwa nach dem letzten Schrei: Die Parkas und schicken Jacken von heute hießen damals Anoraks. Und die heute in vielfacher Form vorhandenen Winterschuhe und

-stiefel sind mir so nicht in Erinnerung. Wir hatten alle – obwohl meistens nicht im Besitz von Skiern – Skischuhe, dicke klobige, unbequeme, meist zwei Nummern zu große (weil oft von den Geschwistern abgelegte) Schuhe, die man nur mit zusätzlichen dicken Wollsocken tragen konnte, die aber dadurch auch warm und trocken waren.

Der neueste Klamotten-Schrei aus den USA: Anzeige aus 1950. (Vorlage: Günter Zinke)

Silvester

Von Berlinern mit Senf und Gold- und Silberregen

Menschen haben zu allen Zeiten gern gefeiert, die jeweiligen wirtschaftlichen Verhältnisse haben allenfalls der Auswahl und der Qualität der konsumierten Lebens- und Genussmittel Grenzen gesetzt. In den 50er Jahren herrschte zudem eine Aufbruchsstimmung – nach dem, was man schon alles erlebt hatte, konnte es doch nur besser werden. So traf man gerne in der Familie, aber auch mit Freunden und Nachbarn aus der Hausgemeinschaft zusammen, um ein Fest zu begehen. Sicher mit bescheideneren Mitteln, als wir das heute kennen, aber nicht weniger gut gelaunt.

Eine zünftige Feier zu Hause. (Vorlage: Rolf Lang)

Ein Höhepunkt der Winterzeit war Silvester, das damals wie heute meistens zu Hause gefeiert wurde. Allerdings rückten die Hausbewohner bei solchen Gelegenheiten näher zusammen als es heute üblich ist. Man feierte gleich zusammen, oder man traf sich spätestens um Mitternacht auf der Straße zum großen Feuerwerk, und ging danach in irgendeine der meistens alle in dieser Nacht offenstehenden Wohnungen zum traditionellen gemeinsamen Kaffeetrinken und Verzehr von Kräppeln – so werden in unserer Region die Berliner genannt. Die Kräppel waren natürlich selbst gemacht, und einige davon waren gefüllt – aber nicht mit Marmelade oder Pflaumenmus, sondern boshafterweise mit Senf. Wer einen solchen erwischte, musste

Fassung bewahren, sonst trug er natürlich zur Belustigung aller bei und erntete deren Spott. Unvergessen ist uns ein Nachbar, der seinen Senf-Kräppel bis zur letzten Krume in aller Ruhe verspeiste und mehrmals versicherte, dass er noch nie einen so guten gegessen habe.

Noch einmal zurück zum Feuerwerk: Tolle und teure Raketen waren es nicht, die wir uns leisten konnten, und die deshalb auch nicht im Angebot waren. Bengalisches Feuer und Wunderkerzen mussten ausreichen, und für die nötige Lautstärke waren Knallerbsen und Knallfrösche zuständig. Aber wir wünschten uns genau wie heute ein frohes neues Jahr; und ich feiere heute noch genauso gern Silvester wie früher. Ich habe aber auch Kritik an unserer heutigen Wirtschaft mit ihren ansonsten vielfachen Angeboten: Gold- und Silberregen und Bengalisches Feuer ist inzwischen Mangelware, und allein deshalb ist Silvester heute leider nicht mehr so wie früher.

Marktfrauen auf dem Wochenmarkt. (Vorlage: Rolf Lang)

Einkauf im Wohnumfeld um die Ecke

Milch in Kannen, Rabattmarkenheftchen und der Anzug vom Maßschneider

Die Häuser selbst, in denen man in den 50er Jahren wohnte, mögen sich gegenüber heute nicht grundlegend verändert haben, das Leben in ihnen und in ihrem Umfeld hat sich jedoch stark verändert. Damals fand ein größerer Anteil des Familienlebens im öffentlichen Raum statt – Kinder spielten auf der Straße, man traf sich beim Einkaufen um die Ecke, hielt ein Schwätzchen, die Straßen im Quartier waren wesentlich belebter als heute. Die damals noch vorhandenen Einzelhandelsgeschäfte sind heute weitgehend verschwunden, von einigen Zentren größerer Wohnquartiere mal abgesehen. Man musste zur Deckung des täglichen Bedarfs nicht weit laufen oder fahren. Wie der folgende Text zeigt, gab es sogar Schuhe, Möbel und Kleidung in erreichbarer Nähe. Seltener als heute fuhr man „in die Stadt“, und der Großmarkt auf der grünen Wiese sollte noch Jahrzehnte auf sich warten lassen.

In unserer Straße befanden sich in den 50er Jahren noch Kleinbetriebe wie ein Limonadenhersteller, eine Wäscherei sowie eine Papier- und Kartonagenverarbeitung. Aber auch kleine Ladengeschäfte zur Versorgung der Wohnbevölkerung, Lebensmittel, Fleisch- und Wurstwaren, zwei Bäckereien und eine Molkerei mit Käseprodukten.

Ersatz-Kaffee ...

... und wie man ihn verfeinern konnte. (Vorlagen: Günter Zinke)

Kinder beim Einkauf

Da die Kinder einen Hauptteil der Einkäufe erledigen mussten, gab es seitens der Geschäftsinhaber entsprechende Lockangebote, um Kundschaft zu gewinnen und zu behalten. Unvergessen sind die umsonst abgegebenen Kuchenrandstücke in der Bäckerei, ebenso wie die zahlreichen mit bunten Bonbons gefüllten Gläser, die in der Milchhandlung vorn auf dem Tresen standen. Für eine Handvoll Bonbons musste man nur wenige Pfennige opfern. Ständige Preisvergleiche der einkaufenden Kinder sorgten dafür, dass die Preise hier stabil blieben.

Die Milch wurde in Kannen abgefüllt, die heute vorhandenen Probleme mit Verpackungsmüll gab es noch nicht. Und auch in einem weiteren Bereich würde man es heute ökologisches Bewusstsein und entsprechendes Handeln nennen, was damals dem Mangel und der Notwendigkeit geschuldet war: Die Altwarenhändler belebten die Hinterhöfe und Straßen mit ihren Lockrufen „Alteisen, Lumpen ...!“ und sorgten damit für Ordnung in den kleinen Wohnungen und gleichzeitig für einen funktionierenden Materialkreislauf.

Wenn die damaligen Einkaufsmöglichkeiten eines Stadtteils mit den Augen der Kinder betrachtet werden, darf in der Aufzählung natürlich nicht das Schreibwarengeschäft an

Schuhe gab es sogar auf Raten, Anzeige aus 1950.

VIM – ein Klassiker unter den Putzmitteln. (Vorlagen: Günter Zinke)

der Ecke fehlen. Hier wurden zu Beginn des Schuljahres die nötigen Schulhefte und Schreibgeräte gekauft, hier gab es aber auch zu den entsprechenden Jahreszeiten die beliebten Adventskalender, die etwas teureren versehen mit Glimmer. Und natürlich alles zum Drachenbauen im Herbst: Drachenpapier in allen nur erdenkbaren Farben, Schnüre und die dazugehörigen Holzleisten. Das Sortiment der beiden Schwestern, die den Laden besaßen, wurde vervollständigt durch Tabakwaren für die Väter, Zigaretten natürlich noch in 3- oder 4-Stück-Packungen.

Beliebt bei den Kindern waren auch die Einkaufsaufträge für Getränke: Sprudel und Bier am Kiosk. Flaschenpfand durfte oft behalten werden und war eine der wichtigsten Einnahmequellen für ein Taschengeld, das dann wieder in Lakritzschnecken oder Wundertüten umgesetzt wurde. Eine weitere Verdienstmöglichkeit für uns Kinder war der Verkauf von roten Schnecken in der unweit befindlichen Zoo-Halle. Die Schnecken sammelten wir im Bach an der Grenze zum nächsten Stadtteil.

Zur Versorgung des täglichen Bedarfs gehörten natürlich im weiteren Umfeld zwei Fleischereien, ein Textilgeschäft, ein Haushalts- und Porzellangeschäft, ein Möbelladen, ein Schuhgeschäft und ein Frisör. Und natürlich der Konsumladen um die Ecke. Manchmal konnte dort aufgrund der vollgeklebten Rabattmarkenheftchen an Weihnachten ein kleiner Extraeinkauf getätigt werden.

Maßschneider, Dienstleistungen und das Kulturangebot

Zu den nicht alltäglichen Ereignissen gehörte es, wenn für hohe familiäre Anlässe beim Maßschneider in einer Seitenstraße ein Anzug angefertigt wurde. Die häufigen Anproben wurden nicht als lästig empfunden, da sich der glückliche Kunde im Mittelpunkt des Interesses befand. Aber auch Politik und Kultur fanden sich im näheren Wohnumfeld. An den Stammtischen zweier Kneipen wurden die aktuellen politischen Entwicklungen besprochen, im Saal der einen Gaststätte wurde zu den Wahlen ein Wahllokal eingerichtet. In einem kleinen Boulevardtheater fanden in einer Bretterbude die ersten Aufführungen statt. Vielleicht nicht ganz hohe Kultur, aber in jedem Falle beliebt und sinnvoll, waren die Kasperletheateraufführungen, verbunden mit Verkehrsunterricht für die Kinder auf dem Hof des benachbarten Polizeigeländes. Und einmal gab ein ausgebrannter Zirkus dort Sondervorstellungen, um das Geld für ein neues Zelt zusammenzubekommen.

Werbung musste sein! Man hoffte doch aufs Weihnachtsgeschäft.
(Vorlage: Günter Zinke)

Werbung für alle diese Angebote musste nicht sein, sie sprachen sich herum oder waren eben einfach vorhanden. Ein Vorbote von späteren Marketingkonzepten war allerdings der bei den Kindern beliebte Stelzenmann mit seiner Werbung für Nigrin-Schuhcreme. Die Schuhcreme war uns, glaube ich, egal, aber das Geräusch der vom Stelzenmann verteilten Knackfrösche war für uns das Größte, für die Eltern allerdings wohl eher eine Plage.

Milch im Fliehkraftexperiment oder Sahnetörtchen – eines ging nur

Meine Mutter schickte mich regelmäßig zum Einkaufen. Da gab es das Lebensmittelgeschäft in der Nähe, aber auch einige Fachgeschäfte, darunter eine Milchhandlung. Also zog ich los, die leere Milchkanne in der Hand. Beim Gang durch die Grünanlage wiederholte ich im Kopf die Artikel, die ich mitbringen sollte, wieder und wieder. Nicht, dass es schlimme Vorwürfe gegeben hätte, wenn ich ohne einen bestimmten Artikel zurückgekehrt wäre. Vielmehr scheute ich das unangenehme Treppensteigen in den sechsten Stock, und das hätte ich dann gleich zweimal hintereinander praktizieren müssen, hätte ich etwas vergessen. Konzentration war also angesagt. In der Milchhandlung gab es erst mal eine neue Füllung für die Milchkanne – Deckel drauf und fertig. Ein paar Minuten später würde mich wieder der Teufel reiten, auf dem Rückweg durch die Grünanlage. Physikunterricht hatten wir noch keinen gehabt, aber in der Wirkung der Fliehkraft kannten wir Kinder uns bestens aus. Als Versuchsanordnung benötigten wir lediglich die volle Milchkanne. Am langen Arm im großen Bogen herumgewirbelt – und die Milch blieb, selbst wenn die Kanne vorübergehend auf dem Kopf stand, wie von Zauberhand in der Kanne. Wenn man geschickt war. Meistens war ich geschickt.

Zuvor war im Geschäft aber noch eine andere Entscheidung zu treffen. Dort gab es etwas Wunderbares: Sahnetörtchen! In eine bauchige runde Waffel wurde ein dicker Klacks Schlagsahne gefüllt. Nun war mein Einkaufsgeld zumeist abgezählt. Manchmal aber hatte ich einen Rest beim Herausgeben zu erwarten. Sollte dabei ein ganzer Groschen herauskommen, war die Entscheidung schon gefällt. Zu Hause musste ich mich für einen solchen Betrag nicht rechtfertigen – das wusste ich aus Erfahrung. Das Einzelkind-Dasein hatte schon Vorteile! In der einen Hand das Törtchen, das in der Grünanlage verputzt wurde, in der anderen Hand das Einkaufsnetz und die Milchkanne – da war kein Fliehkraftexperiment möglich. Das war an einem solchen Tag nicht weiter schlimm, ich hatte ja mein Sahnetörtchen.

Die ersten Fernseher in den Geschäften.

Endlich in die Röhre gucken …

Ferngesehen wurde scharz/weiß, und nur auf zwei bis drei Programmen

Die meisten bekamen ihn schon in den 50er Jahren, manche erst Anfang der 60er – der eigene Fernseher war jedenfalls eines der begehrtesten Wohlstands-Produkte nach dem Krieg. Wohl kaum ein Medium hat die Gesellschaft dermaßen verändert, zum Guten wie zum Schlechten. Es hat zur Individualisierung beigetragen, aber auch zur Kollektivierung – viele Dinge auf der ganzen Welt wurden fortan von den Menschen gleichzeitig wahrgenommen, und anschließend diskutiert und kommentiert. Vorerst aber waren die Sehgewohnheiten noch anders als heute …

Der erste Fernseher kam und bekam einen bevorzugten Platz in der guten Stube. Das Schwarz-weiß-Bild auf dem stark gewölbten und noch relativ kleinen Bildschirm flimmerte öfter, und häufig wurde an der Antenne im Zimmer, später auf dem Dach, herumjustiert. Man konnte das erste Programm schauen, dann kam das zweite hinzu, ein drittes (Länder-)Programm. Und am Rande der Republik konnte man ggf. noch

Der erste eigene Fernseher. (Vorlage: Herkules Verlag)

Auslandssender sehen, bei uns zum Beispiel bekam man, mit etwas „Schnee“, auch das DDR-Fernsehen herein. In der Anfangszeit gehörte der Fernseher beileibe nicht allein der Familie, die ihn angeschafft hatte. Abends geschah es häufig, dass liebe Nachbarn, wie selbstverständlich, zu Besuch kamen und man schaute gemeinsam die bewegten Bilder an. Oft waren das Quizsendungen oder Opern- und Operetten-Übertragungen, manchmal auch Sport- oder andere aktuelle Ereignisse. Aber man übertrieb das nicht – man schaute gemeinsam, die Nachbarn brachten ihr Bier und das Knabberzeug selbst mit, und nach Beendigung der Sendung gingen sie auch wieder. Das ging so lange, bis sie ihren eigenen Fernseher hatten.

Glücklich konnte sich schätzen, wer 1954 bereits ein Fernsehgerät besaß: Deutschland wurde Weltmeister! Allzu viele waren das noch nicht, also wurden auch die Fernseher in den Schaufenstern der Fachgeschäfte genutzt, davor bildeten sich große Menschentrauben, als sich herumsprach, dass Deutschland ins End-spiel gekommen war. Die meisten freilich verfolgten das Spiel am

Kurz nach dem Spiel …

Radio. Die Rundfunk- und Fernsehübertragung dieses Ereignisses bedeutete für die „deutsche Seele“ viel, die sich in den Jahren zuvor ja kaum über etwas hatte freuen können, was nationalen Stolz hervorrief. Aber jetzt! Man war wieder wer – nämlich Fußballweltmeister!

WM 1954

Die unvergessene Reportage von Herbert Zimmermann, nachdem die deutsche Mannschaft die 2:0-Führung der Ungarn in ein 2:3 umgewandelt hatte: „... Puskas abseits. Schuss, aber nein, kein Tor, kein Tor, kein Tor. Puskas abseits ... der Sekundenzeiger, er wandert so langsam, wie gebannt starre ich hinüber, geh doch schneller, geh doch schneller, aber er tut es nicht, er geht mit der Präzision, die ihm vorgeschrieben ist, wandert er voran ... jetzt spielen die Deutschen auf Zeit ... und die 45. Minute ist vollendet ... aus, aus, aus, aus, das Spiel ist aus!“

Fritz Walter nimmt den Pokal entgegen.

Später, so erinnere ich mich gut, waren es viele deutsche und weltweit wichtige Ereignisse, oft auch Katastrophen, die über die „Flimmerkiste“ wahrgenommen wurden – das Grubenunglück von Lengede, Kennedys Ermordung, die erste Mondlandung, und, und, und ... Recht bald gab es die Bilder auch in Farbe, und mehr Programme. Aber man kann sagen, was man will – das Gefühl des rechten Pioniergeistes hatten wir nur ganz am Anfang, in schwarz-weiß.

In der Eisdiele, die Musicbox an der Wand ...

Milchshake beim Italiener

... und die Musicbox war ständig in Betrieb

Treffpunkte für Jugendliche gab es in den 50ern und 60ern in ausreichender Zahl, je nach Interessenlage der Clique und Gelegenheit. Man traf sich irgendwo im öffentlichen Straßenraum, setzte sich auf Stufen, Brunnenränder oder auf andere „Stadtmöbel", die Parkbank war uns meist zu spießig. Wie das Jugendliche immer tun, wurde einfach nur geklönt, Erlebnisse wurden verarbeitet und über Lehrer wurde hergezogen. Zu den exklusivsten Orten der 60er Jahre gehörten die noch nicht so zahlreich vorhandenen Eisdielen. Bis heute sind diese ein Treffpunkt für Jugendliche, aber damals war das einfach etwas Neues im Stadtbild, etwas Besonderes – nein, jeder Vergleich mit heute verbietet sich ...

Nach dem Unterricht, ich ging damals in die Mittelstufe, verließen wir das Schulgebäude so schnell es ging. Zum Stadtzentrum war es nicht weit. So zogen wir, zumindest im Sommer, in Gruppen von vier bis fünf Schülern durch die Fußgängerzone, die war schon 1961 vom Autoverkehr freigeräumt worden. Unser Ziel waren nicht die Kaufhäuser oder andere Konsumtempel, dafür hatten wir kein Geld und – im Gegensatz zu Schülern von heute – auch wenig Interesse. Vielmehr steuerten wir eine italienische Eisdiele an, eine der ersten in der Stadt, die sich in einer Fußgängerpassage niedergelassen hatte. Dort Platz genommen, fiel der Schulstress von uns ab. Wir unterhielten uns, sicher auch über Erlebnisse in der Penne, ansonsten aber hauptsächlich über private Dinge. Unsere Clique bestand vorwiegend aus Jungens, Mädchen (am Nachbartisch) waren jedoch auch häufig Gegenstand unserer Gespräche und tischübergreifender „Interaktion".

Das Interieur fanden wir „kultig" – so würde man das heute bezeichen. Die typischen kleinen Eisdielenstühle und -tische, die Dekoration und die italienische Bedienung, die Enge, in der man beieinander saß, das war schon etwas Außergewöhnliches, das wir ausgiebig genossen. Aber der Clou von allem hing an der Wand: eine in die Wand eingebaute Wurlitzer-Musicbox! So stand ab und zu einer von uns auf, fuhr mit dem Finger das Verzeichnis der Songs entlang, warf einen Groschen in den Geldschlitz und drückte zum Abschluss ein paar Tasten. Das war es uns jedenfalls wert, dafür das nie ausreichende Taschengeld zu investieren. Eis gegessen haben wir selten, „Pflicht" war hingegen das Ordern eines Milchshakes, an dem man sich dann aber auch bis zum Schluss des Treffens festhielt. Den Besitzern hat der geringe Umsatz jedenfalls nicht geschadet – erst kürzlich, nach mehr als vierzig Jahren, wurde die Eisdiele geschlossen, die Wurlitzer gab es da aber schon lange nicht mehr.

Die Milchbar in einem 50er- Jahre-Kino. (Vorlage: Rolf Lang)

Das Kino – die „weite Welt“ vor Ort

... und Stars und Sternchen zum Anfassen

Nicht lange nach dem Krieg entstanden auch die Kinos neu, zumindest in den Städten, wo die Zerstörung die Kinotheater nicht verschont hatte. Ganz anders als wir das heute kennen, erreichte die Kinodichte recht bald einen Stand, der es auch einer noch nicht sehr mobilen Gesellschaft ermöglichte, sich in der Nähe einen Film anzusehen. Im Zentrum der Städte wuchsen Kinopaläste empor, in denen Erstaufführungen gezeigt wurden. In den Wohnquartieren entstanden Stadtteilkinos, dort wurde das gezeigt, was man unter „Familienprogramm“ verstand. Und auch im ländlichen Raum, zumindest im jeweils nächstgelegenen Unterzentrum, gab es recht bald Angebote, sich die „große weite Welt“ durch die perforierten Zelluloidstreifen zu betrachten. In den fünfziger Jahren war der Zulauf in die Kinos ungemein hoch. Man hatte ja sonst kaum Abwechslung, und wenn man als Kind oder Jugendlicher ein paar Groschen ergattern konnte, war der Kinobesuch eines der größten Erlebnisse, zu Beginn natürlich zumeist an der Hand eines Elternteils, später dann allein oder mit Freunden.

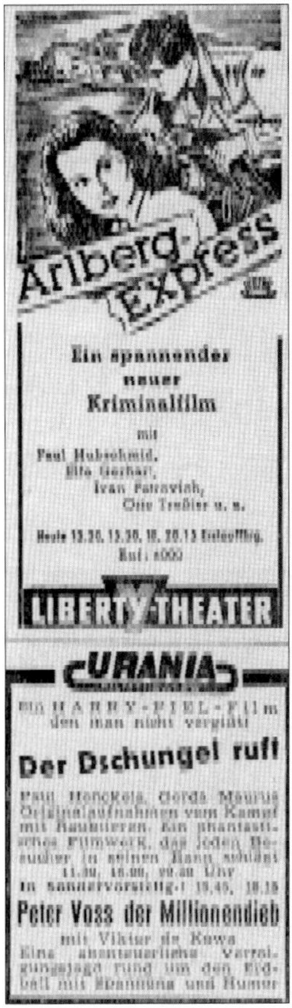

Filmanzeigen 1950. (Vorlage: Günter Zinke)

In den fünfziger Jahren zeichnete sich aber auch schon den Beginn der Wende ab: Das „Pantoffelkino", der häusliche Fernseher, brachte technischen Fortschritt und Innovation, aber auch starke Konkurrenz für die Lichtspielhäuser – eine Entwicklung, die bis heute anhält und dem Kino einen anderen Stellenwert zuweist als damals.

Eines aber war damals schon so wie heute: Die „Stars" und „Sternchen" kannte jeder – die Namen der bekannten Schauspielerinnen und Schauspieler waren Jung und Alt geläufig. Heinz Rühmann, Marika Rökk, die Kessler Zwillinge, Gustav Fröhlich, Hildegard Knef, Hans Moser, Hans Albers, Johannes Heesters, Maximilian Schell, Walter Giller und Heinz Ehrhardt – etliche Namen könnte man noch hinzufügen. Nicht nur deren Bekanntheit war recht groß, viele suchten und bekamen auch die Gelegenheit, ihre Idole aus der Nähe zu sehen. Diese kamen nicht nur in die großen Städte zur Uraufführung ihrer Filme, sondern mitunter auch in die Provinz. Dann veröffentlichte die örtliche Tageszeitung deren Ankunftszeit auf dem Bahnhof, und man konnte sicher sein, dass eine große Menge von Anhängern und Verehrern zugegen war.

Als Halbwüchsiger und Einzelkind hatte ich so meine Freiheiten. Ich stromerte allein durch die Stadt, und da diese begrenzt war, überkam mich mitunter der Wunsch, mir die große weite Welt anzusehen. Wo ging das besser als im Kino? Natürlich musste der Film für mein Alter zugelassen sein, und vor allem musste ich an Geld kommen. Da wusste ich schon, was zu tun war: Die Großeltern hatten vollstes Verständnis für die Bildungsbeflissenheit des Enkels. In fußläufiger Entfernung lag der „Film-Palast", ein Stadtteilkino. Schon die Vorfreude allein war die Unternehmung wert. Ich dabbelte los und wusste: „Du gehst ins Kino", ich kam mir vor wie ein Erwachsener. Die

Ein typisches Kino im 50er-Jahre-Stil. (Vorlage: Rolf Lang)

ersten ein, zwei Male hatte mich noch mein Vater begleitet, dann war ich auf mich allein gestellt, was ich natürlich genoss. Im Sommer wohnten wir oft im Schrebergartenhäuschen am Rande der Stadt. Dort lag ein anderes Stadtteilkino in der Nähe, das „Thalia". Auch dieses suchte ich natürlich heim, sozusagen in aufgeräumter „Ferienstimmung". Ich kann mich nicht mehr an alle damals besuchten Filme erinnern, aber „Traumstraße der Welt" hatte großen Eindruck auf mich hinterlassen, vor allem die Landschaftsbilder und das Gefühl von Freiheit, das einen überkam, bei der Vorstellung, eine Straße über zwei Kontinente hinweg zu befahren. Aber auch Familienfilme wie „Drei Münzen im Brunnen" und „Die Trapp-Familie" sind mir im Gedächtnis geblieben. Dass eine Pause beim Wechseln der Filmspulen entstand, und dass der Film mitunter riss, das war ganz normal und gehörte zum damaligen Kinoerlebnis dazu. Und ich kann mich erinnern, dass die Stuhlreihen im „Thalia" aus Holzstühlen bestanden, während sie im „Film-Palast" gepolstert waren. Die Kinos in der Innenstadt lernte ich erst später kennen, dorthin kam ich selten, das war nicht meine vertraute Umgebung, und ich hätte mich wahrscheinlich nicht getraut, in die Glitzerburgen der großen Lichtspieltheater ganz allein Einlass zu begehren.

Filmanzeige aus 1950.
(Vorlage: Günter Zinke)

Von Idolen, Schreckensbildern und Halbstarken

Die zu Beginn der 40er Jahre Geborenen hatten Ende der Fünfziger schon ihre Idole aus den USA, deren Filmen sie besuchten. Marlon Brando oder James Dean verkörperten den Typus von Jugendkultur, der damals, bis weit in die 60er Jahre, weltweit verbreitet, in der Erwachsenenwelt aber hoch umstritten war.

Die besondere Sprache, die Kleidung – Jeans, T-Shirt und Lederjacke – und das lässige, antiautoritäre und aufbegehrende Verhalten entwickelte sich zum Schreckensbild der Erwachsenen. So stellte man sich vielleicht die Jugend in Amerika vor, aber nicht die eigenen deutschen Kinder. Die

Vorbild einer Generation:
So wie er wollte man sein.
(Vorlage: Herkules Verlag)

freilich ließen sich vom Besuch dieser Filme nicht abhalten, zumindest Teile der damaligen jungen Generation. Natürlich gab es, beeinflusst durch die Film-Vorbilder aus den USA, das Phänomen der Halbstarken in Deutschland, bis hin zu heftigen Krawallen im öffentlichen Raum, in Kinos und Gaststätten – zumindest viel Stoff, von dem die Zeitungen lebten. Aber insgesamt entschieden sich Jugendliche in Deutschland in der Mehrzahl für eine angepasstere Form der Jugendkultur, wie sie in Filmen mit Conny Froboess und Peter Kraus zum Ausdruck kamen. Freilich erregten sich auch darüber die Erwachsenen, aber ist dies nicht zu allen Zeiten so, wenn Kinder sich in Cliquen treffen und gegen die etablierte Generation aufbegehren?

Eng verknüpft mit den amerikanischen Filmidolen war natürlich das Thema Musik. Mit Bill Haley (Rock around the Clock) hatte 1954 in den USA der Siegeszug des Rock 'n' Roll begonnen, und Hollywood-Filme mit Frank Sinatra, Nat ‚King' Cole oder Dean Martin transportierten deren Musik auch nach Deutschland. Richtig populär wurde der Rock 'n' Roll durch die Musikfilme mit Elvis Presley, Ende der 50er und Anfang der 60er Jahre. Selbst die amerikanischen Filmgrößen und Jugendidole kamen nach Europa und Deutschland, um hier den „Jugendmarkt" zu erobern.

Rock 'n' Roll in der Tanzschule.

Die Sünderin

Marina ist schön und verführerisch. Mit 14 Jahren von den Eltern verlassen, nimmt ihr Halbbruder sie zur Geliebten – bis sie den Maler Alexander und die wahre Liebe kennen lernt. Doch Alexander droht zu erblinden. Nur eine teure Operation kann ihn retten. Marina steht vor einer schweren Entscheidung ...
Deutschland ist geschockt, als 1951 der Film **„Die Sünderin“** mit Hildegard Knef in der Hauptrolle in die Kinos kommt: Eine Frau liegt nackt auf einer Liege und lässt sich von ihrem Geliebten malen. Eine Szene, die in der heutigen Zeit kaum jemanden die Schamesröte ins Gesicht triebe. Vor 50 Jahren sah die Situation in Deutschland noch anders aus. Das überwiegend prüde Publikum hatte seinen ersten Filmskandal. Dass der Film heute ab 12 Jahren freigegeben ist, zeigt den Wandel des Zeitgeistes.

Denn sie wissen nicht was sie tun ...

Zwischen 1956 und 1958 kam es – vor allem in Berlin und in Nordrhein-Westfalen – zu den so genannten Halbstarken-Krawallen. Auslöser waren oft Filmvorführungen, wie von „Außer Rand und Band – Rock around the clock“ oder „Die Halbstarken“ (beide 1956) mit Horst Buchholz und Karin Baal, nach denen es auf der Straße rund ging, oder Konzerte mit Rock 'n' Rollern, wie z.B. Bill Haley in Essen und Berlin (1958), die mit der Zertrümmerung des Saalmobiliars und Schlägereien endeten.

In Berlin-Kreuzberg gab es eine Clique, die sich bei einem so genannten Zoo-Spiel vergnügte. Dazu griffen sich die Jugendlichen vorbeikommende Erwachsene, bevorzugt „Autoritätspersonen“ wie Polizisten, Lehrer oder Schaffner und hievten sie über Zäune oder sonstige Absperrungen in Areale, die sie nicht aus eigener Kraft verlassen konnten. Dann stellte sich die Bande vor ihnen auf und machte sich lustig über die eingesperrten Erwachsenen, als ob es Affen im Käfig des Zoos wären.

Also, da gingen so wirklich heftige Dinge ab. Das war zum Teil Rowdytum erster Güte und meistens respektlos gegenüber allem und jedem. Immer wieder blockierten größere Gruppen, bestehend aus mehreren Hundert Jugendlichen, zunächst den Verkehr und zogen anschließend grölend und pfeifend durch die Straßen und provozierten Passanten ebenso wie die Polizei.

Bei solchen Aktionen kam es auch zu Knüppeleinsätzen der Polizei mit Verletzten und Festnahmen. Die Presse – allen voran natürlich die BILD-Zeitung – stürzte sich auf das Thema und bauschte das Ganze übertrieben auf, obwohl es nur in einzelnen größeren Städten zu massiven Auftritten der Halbstarken gekommen war.

Lebensgefühl einer Generation

Waschmitteltrommeln als Schlagzeug, aber eine eigene Band!

Im Nachhinein verklären sich viele Erinnerungen, sicher auch die an die Zeit der aufbrechenden Jugend, die mit Hilfe „ihrer" Musik ihre Non-Konformität gegenüber der Erwachsenen-Gesellschaft ausdrückte. Richtig ist aber auch, dass zum ersten Mal in der Nachkriegszeit die aufstrebende Freizeitindustrie eine neue Zielgruppe entdeckte. Von dieser Konsumindustrie wurde in den 50er und 60er Jahren die Vermarktung einer kompletten „Teenagerwelt" unternommen, mit der dazugehörigen Musik, mit Zeitschriften, Filmen und Klubs. Auch der technische Fortschritt kam zu Hilfe: Die 17 cm im Durchmesser betragende Vinylschallplatte war leicht zu transportieren, dünn und dennoch bruchsicher – im Vergleich zu den früheren Schellackplatten. Die Wiedergabe von Lautstärke und Rhythmus wurde durch neue Mikrofone und Lautsprecher verbessert, Transistorradios und tragbare Plattenspieler erleichterten den Mobilitätswunsch der Jugendlichen – Musik konnte man nun überall hören, auch im Freien.
Während die Rockmusik bereits die 50er und 60er Jahre beherrschte, trat mit dem Auftreten der Beatles spätestens ab 1962 die Musikrichtung des Beat in den Lebensmittelpunkt der in den 40er Jahren Geborenen. Als Jugendliche und junge Erwachsene (der Jahrgang 1941 gehörte damals zu den „Twens", der Jahrgang 1949 zu den „Teenies") tanzte man zu den Klängen der pilzköpfigen, aber aus heutiger Sicht noch recht „adrett" gekleideten Bandmitglieder aus Liverpool. Es ist sicher nicht falsch, wenn es heißt, dass die Beatles die erfolgreichste Band des 20. Jahrhunderts waren. Und wahrscheinlich auch die einflussreichste, denn sie prägten den Musikstil einer ganzen Generation. Das tut den Fans der Rolling Stones sicher nicht Gewalt an – deren Musik, die etwa zeitgleich begann, hatte nicht weniger Einfluss. Noch heute scheiden sich die Geister nach Stones- und Beatles-Fans. Dem muss man nicht folgen, weil beide erfolgreich waren, und zudem einen unterschied-

lichen Sound repräsentierten. Die Anhänger der Stones hatten freilich mehr von ihren Idolen. Während die Beatles sich 1970 trennten, gibt es die Stones als dienstälteste Rockband zum Erscheinungszeitpunkt dieses Buches noch immer.

Jede Schule hatte damals wohl ihre Schulband. Wir hatten zwei. Die andere war besser, das muss man auch heute noch zugeben. Gut, die Jungs waren auch eine Klasse höher als wir. Aber eben auch besser, in allem, Sound und Performance. Klar, deren Eltern hatten auch mehr Kohle, und die Instrumente waren vom Feinsten. „The Hitchhikes" nannten sie sich. Unsere Band hieß „The Fullstops", und wir brauchten Wochen voller Diskussionen, um diesen Namen festzulegen. Angefangen hatten wir ganz klein – mit Waschmittel-Trommeln als Schlagzeug und ein, zwei normalen Gitarren. Es wurde fleißig geübt, recht bald

„Gammler" und Hippies in einer deutschen Stadt.

in einer Garage. Dann kamen die ersten besseren Instrumente, ein richtiges Schlagzeug, freilich gebraucht, Elektrogitarren für Melodie und Bass, Verstärker, Lautsprecher, Mikros. Ein Keyboard kam später hinzu. Wir hätten gern eine Sängerin gehabt, fanden aber keine (in der Klasse gab es nur Jungens). So wurde neben dem Spielen des jeweiligen Instruments auch gesungen – das ging aber ganz gut. Meine Rolle war eher bescheiden – ich war zweiter Drummer. Der erste Drummer fiel aber nie aus. Was es für meinen weiteren Lebenslauf bedeutet hätte, wäre er mal ausgefallen, habe ich leider nie herausfinden können. Aber ich will nicht klagen, denn jede ordentliche Band benötigt einen Manager – der wurde ich.

Hatten wir also zu Beginn für uns selbst gespielt, wurde zunächst der Freundeskreis in die Garage eingeladen. Dann folgten Auftritte beim Klassenfest – nicht enden wollender Applaus. Und so kam meine große Zeit. Ich tat das, was Manager eben tun, Gespräche führen, die PR-Trommel rühren. Ein Schulfest, ein Auftritt in einem Jugendclub, dann in einem Bürgerhaus. Einmal sogar ein Auftritt in einer benachbarten Kreisstadt. „I can't get no satisfaction“ hieß eines der Stücke aus unserem Repertoire, von den Stones. „A hard day's night“ von den Beatles ein anderes. Wer kennt noch die Band mit dem elend langen Namen „Dave Dee, Dozy, Beaky, Mick & Tich“? Von dieser Gruppe borgten wir uns mehrere Stücke. „Hideway“ wurde gespielt, „Hold tight“ und „Bend it“. In meinem Zimmer in der elterlichen Wohnung prangten die aus der „BRAVO“ zusammengesetzten Ganzkörper-Poster der Beatgrößen an der Wand. Statt Matheheft lag eine Kladde mit Liedertexten, ausgeschnitten aus der gleichen Zeitschrift, auf dem Schreibtisch. Die Karriere der Band und unsere eigene war eines Tages jäh zu Ende, heute grübele ich darüber nach, woran das lag. Dass der Erfolg uns zu Kopf gestiegen wäre und wir uns deshalb zerstritten hätten, kann man ausschließen. Eher warf wohl das nahende Abitur seine Schatten voraus.

Der erste Ferienjob

Autos entwachsen und einen Plattenspieler erstehen

Geld war immer ein Thema – für die Erwachsenen sowieso. Es gab unendlich viele Wünsche, für die Ausstattung der Wohnung, für Essen und Trinken, für neue Kleidung, für die Freizeit. Das so genannte Wirtschaftswunder machte vieles möglich, freilich nicht alles zugleich, und auch nicht für alle gleichzeitig. Aber insgesamt, das war so ein allgemeines Gefühl damals, ging es aufwärts. Natürlich wollte auch die junge Generation daran teilhaben. Wenn man noch zur Schule ging, war man mehr oder weniger auf das oft kärgliche Taschengeld angewiesen, oder auf milde Gaben von den Großeltern. So nahm unter den älteren Schülern die Begehrlichkeit auf Ferienarbeit zu. Zumindest in den sechziger Jahren war das bereits gut realisierbar.

Kanzler Ludwig Erhard, genannt „Vater des Wirtschaftswunders".

Natürlich hatten wir Jugendliche immer Bedarf an Geld. Das Taschengeld war, entsprechend den Möglichkeiten des Elternhauses, eher bescheiden. In den Schulferien versuchten wir also, Arbeit zu bekommen und etwas Geld zu verdienen. Auch ich probierte das aus und fragte bei Firmen in der Nachbarschaft herum. Bei einem Autohaus in der Nähe hatte ich Erfolg. Man benötigte jemanden zur Aushilfe, der die neu gelieferten Pkws entwachste, damit sie in den Ausstellungsraum kommen und verkauft werden konnten. Ich fand diese Aufgabenstellung überzeugend, natürlich auch die Aussicht auf den Arbeitslohn, und trat meinen Dienst an. Vier Wochen gehörte ich nun zur „arbeitenden Bevölkerung“, hatte die Arbeitszeiten einzuhalten und mich in die Gruppe der Werkstattbeschäftigten einzufügen – mein erster Kontakt zur Arbeitswelt und von daher eine wichtige Erfahrung. Meiner Erinnerung nach klappte das auch ganz gut, an Probleme kann ich mich nicht erinnern. Die Tätigkeit war nicht sonderlich schwer, aber unangenehm. Man kam halt mit sehr viel Wasser und Wachs in Berührung, trotz der vorhandenen Arbeitskleidung. Die Autos – es handelte sich um Opel-Fahrzeuge – kamen auf großen Lkws am Autohaus an und wurden auf dem Hof abgestellt. Um transportbedingte Schäden am Lack zu vermeiden, waren sie mit einer Wachsschicht versehen. In einer Halle wurde das Wachs dann abgewaschen. Der ausgezahlte Lohn war sicher nicht überwältigend – an die genaue Summe kann ich mich nicht erinnern, es waren einige hundert Mark. Aber: Erstens handelte es sich um mein erstes selbst verdientes Geld, worauf ich ziemlich stolz war, und zweitens reichte es allemal hin, mir einen Plattenspieler zu kaufen, den ich mir aufgrund meiner Freizeitbedürfnisse schon lange wünschte. Die Freunde hatten längst einen, ich nun aber auch.

Kennedy in Berlin.

John F. Kennedy – Hoffnungsträger der Jugend

... und der Schock seiner Ermordung

1960 gab John F. Kennedy, Jahrgang 1917, seine Kandidatur zur Präsidentschaft der Vereinigten Staaten von Amerika bekannt. 1961 wird er zum 35. Präsidenten der USA gewählt. „And so, my fellow Americans, ask not what your country can do for you – ask what you can do for your country. My fellow citizens of the world, ask not what America will do for you, but what together we can do for the freedom of man.“ – so hieß es in seiner Antrittsrede im Januar 1961. Er hat während seiner Amtszeit vor allem mit der Bewältigung der Kuba-Krise, Bürgerrechtsfragen, der Entwicklung des Raumfahrtprogramms und der Einleitung von Entspannung im Ost-West-Konflikt (Einrichtung des „heißen Drahtes“) zu tun. Am 26. Juni 1963 besucht er West-Berlin und hält eine Rede vor dem Rathaus

Schöneberg. Im dritten Jahr seiner Amtszeit, am 22. November 1963, wird Kennedy in Dallas/Texas erschossen. Bis heute konnten die Gründe und genaueren Umstände seiner Ermordung nicht geklärt werden.

Für mich und viele meiner Freunde gab es, bis zur Involvierung der USA in den Vietnam-Krieg, ein positiv besetztes Verhältnis zu den USA. Die Amerikaner hatten dazu beigetragen, Deutschland von den Nazis zu befreien, amerikanische GIs spielten in der Besatzungszeit und während ihrer Stationierung in Deutschland in unseren Augen eine positive Rolle. Die Präsidenten der USA standen nicht so sehr in unserem Blickpunkt. Das änderte sich mit der Wahl Kennedys schlagartig. Durch seine jugendliche Erscheinung, den Elan, den man verspürte, wenn er Reden hielt, und einige seiner recht liberalen Programmpunkte, z.B. in der Bürgerrechtsfrage, wirkte er auf uns faszinierend. Ich weiß noch sehr gut, dass ich seine Antrittsrede auf Englisch las. Die Passage „Fragt nicht, was euer Land für euch tun kann, fragt, was ihr für euer Land tun könnt“ fand ich großartig, sie entsprach gefühlsmäßig dem, was ich mir an Aufbruchstimmung und Zukunftsgewandtheit in einer Gesellschaft vorstellte, egal ob der amerikanischen oder der deutschen. Sein Auftritt in Berlin war unvergessen, natürlich habe ich seine Rede am Radio gehört. Den Satz: „Ich bin ein Berliner!“ werden viele aus jener Zeit in Erinnerung behalten haben und bis heute zuordnen können.

Der Schock traf mich tief, als ich eines Tages nach Hause kam und das Radio anstellte. Kennedy war ermordet worden! Eine Welt brach für mich zusammen. Der, den ich als Hoffnungsträger für die Jugend des ganzen Planeten gesehen hatte, lebte nicht mehr, war brutal beiseite geräumt worden. Natürlich stellten sich viele Fragen, die aber selbst Jahre danach nicht vollends geklärt werden konnten. Was blieb, war Misstrauen und Desillusionierung. Misstrauen gegenüber einem Staat, der zur Aufklärung einer solchen Tat, zumindest zu deren Enthüllung, offensichtlich nicht in der Lage war. Und es schwand die Illusion, dass ein einzelner Mensch die Welt verändern kann. In der Folgezeit wurde der politische Mord, ob es Kennedys

Bruder betraf oder Martin Luther King, fast zur Gewohnheit. Sicher lernte man später noch mehr Details hinzu. Auch jenes, dass auch Kennedy nicht perfekt war und viele Widersprüche menschlichen Verhaltens in sich vereinigte. Aber darauf kam es letztlich nicht an, schließlich haben Menschen immer mehrere Seiten. Mit der Mordtat jedenfalls starben auch eine Menge Illusionen, Hoffnungen und ein wenig eigene Blauäuigkeit.

Das erste Auto – ein VW-Käfer

... und läuft, und läuft, und läuft – selbst die Heizung lief mit

Das Auto war das ersehnte Transportmittel, das sich viele Menschen wünschten, seit sich in den 50er Jahren die wirtschaftlichen Verhältnisse zu bessern begannen. Die Städte, vor allem dort, wo die Kriegszerstörung groß war, waren längst autogerecht geplant worden. Noch schienen die Straßen und Kreuzungsanlagen überdimensioniert, weil der Verkehr zu Beginn noch nicht stark war. Das änderte sich freilich recht bald, schon in den sechziger Jahren nahm der ruhende und fließende Pkw-Verkehr deutlich zu.
Für den Einzelnen und die Familien erfüllte sich mit dem ersten eigenen Auto der Traum von persönlicher Freiheit, dem man schon lange nachhing, dessen Realisierung aber erst möglich war, wenn man in Arbeit kam und regelmäßig Geld verdiente. Schon in den Fünfzigern wuchs die Zahl derer, die sich diesen Traum erfüllen konnten. Träume haben Namen, zum Beispiel: Lloyd (der „Plastikbomber“), Janus (in Fahrtrichtung ein Zweisitzer, die anderen zwei Mitfahrer blickten nach hinten), Gutbrod (ein Zweisitzer), Fiat 500, das Goggo-Mobil oder der Messerschmidt-Kabinenroller („Schneewittchensarg“, zwei Sitze unter einem Glasdach, das gleichzeitig Einstieg war). Und natürlich gehörte der VW-Käfer dazu, der „Klassiker“ für die von Freiheit träumenden Deutschen. In den fünfziger Jahren lief er zu Beginn noch als „Brezel“ mit dem zweigeteilten **Heckfenster, das dann zu einem durchgängigen Oval vergrößert** wurde.

Das Auto wurde zu all dem genutzt, was einem dazu auch heute noch einfällt. Natürlich stand im Mittelpunkt ganz besonders der Traum vom ersten eigenen Urlaub mit dem Auto. Alles war eine Kostenfrage. Billige Pauschalreisen in andere

Mit „Kind und Kegel“ im VW unterwegs. Ob wohl alle reinpassen? (Vorlage: Herkules Verlag)

Länder gab es überhaupt noch nicht, so war die billigste Art zu reisen, sich mit der eigenen Familie ins Auto zu setzen und irgendwo hin zu fahren. Die ersten längeren Fahrten führten aus Deutschland heraus, vielleicht schon mal nach Österreich, in die Schweiz und allmählich auch in das Traumziel Italien, der Sonne entgegen. Natürlich konnten sich viele noch kein Hotelzimmer leisten, noch nicht. So war der VW-Käfer auf dem Campingplatz ein damals durchaus oft gesehenes Motiv.

Die 50er und vor allem 60er Jahre brachten für das Auto den Durchbruch. Die Mobilität der Deutschen nahm zu, der Wunsch nach Mobilität noch mehr. Für die, die sich

Ein Lloyd aus den 50er Jahren. (Vorlage: Rolf Lang)

kein Auto leisten konnten, gab es Alternativen, vielleicht ein Moped, ein günstig erworbenes Motorrad, oder ein Motorroller. Das Moped war vor allem bei Jugendlichen bzw. jungen Erwachsenen beliebt, auch damit bewältigte man „Strecke", oder man nutzte es zumindest, den Mädchen zu imponieren. Manchen Jugendlichen diente es dazu, das Outfit des „Halbstarken" komplett zu machen.

Erste Busreisen nach Italien finden statt. (Vorlage: Herkules Verlag)

Vor dem Auto durfte es auch ein Motorrad sein ...

... oder ein schicker Roller ...
(Vorlagen: Rolf Lang)

… oder man ging einfach nur auf Fahrradtour. (Vorlage: Rolf Lang)

Manchmal fand man freundliche Menschen, die Tramper für ein paar Münzen ans gewünschte Ziel brachten. Komfortabel war das nicht, auf einem Toyota Pritschenwagen, doch das ersehnte Ziel erreichte man dennoch. (Vorlage: Herkules Verlag)

Das erste Auto war oft ein VW-Käfer, und zum ersten Familienurlaub ging's auf den Campingplatz. (Vorlage: Herkules Verlag)

Vom „Pauschalführerschein" zum ersten Käfer

Mit 18 machte ich in den sechziger Jahren den Führerschein. Ich glaube, damals musste ich 200 oder 300 Mark dafür hinblättern – gegenüber späteren Zeiten war das ein Spottpreis. Das Beste aber war, dass es zu dieser Zeit noch das „Pauschalangebot" gab, das bedeutete, dass man ohne Stundenbegrenzung Fahrstunden nehmen konnte, sozusagen bis zum Erfolg. Natürlich hatten meine Eltern mir die Führerscheinkosten geschenkt, ich ging ja noch zur Schule. Besser noch, auch das erste Auto, ein gebrauchter VW-Käfer, Baujahr 1956, mit ovaler Heckscheibe, anthrazitfarben, wurde von den Eltern finanziert, für 500 DM. Bevor nun aber Neid aufkommt – sie taten dies nicht uneigennützig. Beide hatten keinen Führerschein, ein Auto besaß die Familie deshalb schon gar nicht – ich wurde also gebraucht. Der Handel, mehr oder weniger direkt formuliert, bestand darin, dass ich meine Eltern, die sich nie eine Urlaubsfahrt gegönnt hatten oder gönnen konnten, ab und zu ausfahren sollte. Um es vorweg zu nehmen: Das hat nie zu Konflikten geführt. Ihre Ansprüche waren bescheiden. Mal ein Wochenende oder ein Tagesausflug für eine Städtetour – nach Düsseldorf, Recklinghausen, Hannover und Frankfurt – dabei blieb es. Ansonsten hatte ich den Wagen ganz für mich und genoss die neuen Freiheiten, die er mir bot. So ein älterer Käfer war ein recht robustes Fahrzeug, überschaubar in Größe und technischer Raffinesse. Der Vorteil, den er bot: Hatte man mal das Tanken verschwitzt, konnte man ein kleines Hebelchen umlegen, und der Reservetank stand zur Verfügung. Die Nachteile waren gravierender: Das Kühlungssystem erzwang mitunter lästige Wartepausen auf Parkplätzen an der Autobahn. Aber damals hatte man es nicht so eilig wie heute. Unangenehmer war, wenn im Sommer die Heizung im Dauerbetrieb lief und partout nicht abzustellen war.

Das zweite Auto – Jazzfreuden und Pannenleid

Als ich zur Bundeswehr kam, kaufte ich mir den nächsten Wagen, natürlich ebenfalls gebraucht. Diesmal legte ich mehr Wert auf Farbe: Er war knallrot und hieß Fiat 770 Jagst – falls das noch jemandem etwas sagt. Dies war ein wirklicher Kleinwagen, nicht der kleinste von Fiat, sondern der mit dem abfallenden Heck. Bei der Rückkehr in die Kaserne von der ersten Wochenendheimfahrt hatte ich bereits die erste größere Panne: Die Lichtmaschine war sang- und klanglos abgebrochen, an der Halterung. Mit Mühe und Not kam ich noch rechtzeitig in die Unterkunft, dank des Noteinsatzes einer Freundin, die sich schnell den R 4 eines unserer Freunde geborgt hatte.

Dann war ich ein Vierteljahr bei München stationiert und nahm den Fiat dorthin mit, um bequem von der Kaserne in Münchner Jazzkeller fahren zu können. Trotz der sieben Stunden Hinfahrt auf der Autobahn, eingekeilt zwischen LKWs und ohne Überholchance, bewährte sich diese Entscheidung. Selbst in jener Nacht, in der frischer Schnee lag und ich von München zur Kaserne zurückfuhr. Auf der glatten Fahrbahn kam ich ins Rutschen und landete sauber im Straßengraben. Ein paar hundert Meter vorab leuchteten die Lampen einer anderen Kaserne, von der ich mir zu Fuß Hilfe holte. Zu viert haben wir den Wagen ganz einfach hochgehoben und wieder auf die Straße gestellt – in Fahrtrichtung. Das funktionierte – auch damals schon – nicht mit jedem Pkw-Modell.

Aufbruchstimmung – auch in technologischer Hinsicht

Zu fernen Welt reisen, am liebsten schon morgen!

Die Jahrgänge der 40er waren wohl prädestiniert dafür, eine gesellschaftliche Aufbruchstimmung zu verspüren, die über Politik und Wirtschaft hinaus auch den technologischen Fortschritt betraf. Das hatte sicherlich auch eine negative Komponente, betraf es unter anderem doch auch die Entwicklung der Kernkraft, von deren Eignung für die friedliche Nutzung unsere Generation doch lange Zeit überzeugt war, bis sie umzudenken begann. Was aber die Entwicklung der Raumfahrt betraf, so wurden die Jahrgänge der 40er in eine Welt geboren, die in den 50er und 60er Jahren eine ungeheure Blütezeit der technischen Entwicklung miterlebte, bis hin zum ersten Mondflug der Amerikaner 1969.

Als Schüler waren die Astronomie und die Raumfahrt mein großes Hobby. Ich verfügte über ein selbst gebautes Zwei-Zoll-Fernrohr („Kosmos"-Bausatz) und beobachtete von der elterlichen Wohnung aus den Sternenhimmel. Anfang der 60er Jahre trat ich der „Vereinigung der Sternfreunde e.V." bei, später einer örtlichen Vereinigung, und besuchte öfter die Sternwarte vor der Stadt. Ich war regelrecht „weltraumsüchtig", was sich in vielen Facetten des Lebens ausdrückte. Der erste Fernsehapparat in der Wohnung wurde von mir nachmittags nach der Schule genutzt, um jeden verfügbaren Science Fiction Film zu sehen, und davon entstanden in jenen Jahren recht viele. Meine SF-Bibliothek wuchs auf beeindruckende Größe an, hinzu kamen die Besuche in der Stadtbibliothek. Aber nicht nur die populärwissenschaftliche Seite wurde gepflegt, auch die wissenschaftliche.

Unser Flug zum Mars

Mit zwei Freunden zusammen pilgerte ich ganz oft in das damals noch existente „Amerika-Haus" in der Innenstadt, besonders dann, wenn Dia-Vorträge oder Filme über das amerikanische Raumfahrtprogramm gezeigt wurden. Mehr noch: Das Amerika-Haus verfügte über eine große Bibliothek, freilich in englischer Sprache. Doch das schreckte uns nicht. Wir entliehen kiloweise NASA-Publikationen mit ingenieurtechnischen Risszeichnungen von Raumfahrzeugen, verstanden wohl nur das wenigste davon, aber fühlten uns großartig, an der Eroberung des Weltraums unmittelbar teilzuhaben. Die Leistungen im Englisch-Unterricht haben ganz sicher von unserem Hobby profitiert, die in Mathe vielleicht weniger, obwohl diese Disziplin schon von uns gebraucht wurde. Wir bastelten uns Cockpits von Raumkapseln und verfassten etwas, das man heute „Projektskizze" nennen würde – wir planten den ersten Flug zum Mars, auf Papier, mit Zeichnungen, Texten und Berechnungen. Und wir waren sicher, dass wir zu unseren Lebzeiten einen solchen Flug, und viele darüber hinaus, noch miterleben würden. Zwei von uns, darunter ich, ergriffen später „zivile" Berufe, der dritte aber ging als Ingenieur tatsächlich in die Raumfahrt.

Ehrensache war, dass ich die Raumflüge am Fernseher, oft bis spät in die Nacht, wenn es denn Life-Übertragungen gab, miterlebte, später natürlich die Mondflüge besonders. Zeitungsartikel über Raumfahrt schnitt ich aus, klebte fleißig Bildchen der Astronauten (und Kosmonauten – ideologische Barrieren gab es da nicht) in eine Kladde. Und natürlich, wie konnte es anders sein, prägte sich auch eine zusätzliche Komponente des Hobbys heraus, nun wieder leicht populärwissenschaftlich: Die Existenz von außerirdischem Leben wurde von mir mit dem erworbenen Sachverstand untersucht, auch die Bibliothek im Amerika-Haus gab einiges an UFO-Literatur her.

Der Mythos von 1968

Revolte oder Demokratisierungsprozess?

1968 – bis heute eine Jahreszahl, die viele Erinnerungen wachruft und Emotionen freisetzt. Kaum ein Abschnitt in der Nachkriegsgeschichte ist dermaßen belastet mit Wertungen und Zuweisungen. „Revolte“, „Kulturrevolution“, „Kampf gegen das Establishment“, „Mythos“ – worum ging es damals? Im.

Studentenproteste auf der Straße.

Wesentlichen handelte es sich, 23 Jahre nach Kriegsende, um einen tief greifenden Demokratisierungsprozess der (west-) deutschen Gesellschaft. Befreit man die Rückschau auf jene Zeit vom ideologischen Überbau, so ging es in erster Linie um Freiheit und Selbstbestimmung der Menschen, die sich nicht mehr von oben verwalten lassen wollten, sondern sich eine neue, freiheitlich demokratische Welt wünschten, in der die Persönlichkeit frei entfaltbar war. Bis zu jener Zeit war die gesellschaftliche Entwicklung in Deutschland eher noch durch aus dem 19. Jahrhundert und der Kaiserzeit stammende Werte und Tugenden geprägt – Gehorsam und Respekt vor Obrigkeiten und durch Macht und Gewohnheit definierte Autoritäten, Keuschheit, Enthaltsamkeit und Unterordnung.

Der erste und langjährige Bundeskanzler der Bundesrepublik, Konrad Adenauer.

Zur Vorgeschichte

„1968" entstand nicht über Nacht. Schon 1962 wurde durch die „Spiegel-Affäre" der autoritäre Umgang der Regierung mit der Rechtsstaatlichkeit des Landes deutlich: Ein kritischer Manöverbericht im Magazin „Der Spiegel" – laut Adenauer „ein Abgrund von Landesverrat" – diente als Vorwand für eine polizeiliche Nacht- und Nebelaktion gegen das Nachrichtenmagazin, mit Durchsuchungen und Verhaftungen. Die Öffentlichkeit protestierte, es gab spontane Demonstrationen. Später musste die Regierung zugeben, dass die Vorwürfe gegen den „Spiegel" haltlos waren. Wegen seiner Rechtsverstöße wurde Verteidigungsminister Strauss entlassen. Beim Frankfurter Auschwitz-Prozess bekamen die Deutschen 1963 durch die Zeugenaussagen zum ersten Mal einen direkten Eindruck vom

Plakat der „Bürgeraktion Demokratie für Strauß“.

Grauen in den Vernichtungslagern. Die Bundestagsdebatten über die Verjährung der Nazi-Verbrechen standen dazu in krassem Missverhältnis. Und auch die Westmächte verloren in diesen Jahren ihr hohes Ansehen als Befreier und Beschützer. Frankreich führte Krieg gegen die Bevölkerung in Algerien und die USA in Vietnam. Die westliche Moral wurde vielen suspekt. Ein damals jugendlicher Zeitzeuge: „Niemand von uns wollte so ‚beschützt‘ werden wie die Vietnamesen!“.

Veränderungsbedarf im Alltag der Deutschen

Diese drei Beispiele zeigen, wie bereits vor 1968 das blinde Vertrauen in Obrigkeiten schwand. Aber auch im Alltag wurden überkommene Strukturen und Wertemuster in Frage gestellt: Der Umgang miteinander in der Familie, das Verhältnis zwischen Mann und Frau, Rollenzuweisungen, die Struktur von Bildungsinstitutionen wie Schule (noch herrschte die Prügelstrafe) oder Universität („Unter den Talaren Muff von tausend

Ein Plakat des damals legendären Studentenbundes SDS.

Jahren") standen auf dem Prüfstand. 1968 entlud sich der angestaute Unmut der jüngeren Generation in einer Art Revolte. Schüler, Studenten und Lehrlinge waren die Hauptbeteiligten. Die APO (außerparlamentarische Opposition) entstand. Eine gesellschaftliche Diskussion begann, über Dinge, die früher tabuisiert worden waren. Ein Reformprozess setzte ein, der zu veränderten Denkweisen und neuen Regelungen führte, bis hin zu Gesetzesänderungen. Der Stellenwert des Individuums in der Gesellschaft wuchs, Deutschland erschien nach diesem Veränderungsprozess liberaler, die Demokratie gefestigter. Freilich verlief nicht jede Entwicklung, die aus 1968 resultierte, positiv, wie etwa das Entstehen der RAF (Rote Armee Fraktion), die den Staat mit terroristischen Aktivitäten herausforderte, um die „Emanzipation des Volkes" mit Gewalt zu fördern.
Die konkreten Abläufe im Alltag der Republik verliefen 1968 aber weitaus weniger spektakulär, als Steinwürfe und Tränengaseinsätze, die es freilich auch gab.

Die 68er Zeit ereilte mich noch auf der Schulbank, ich war schon etwas älter als normale Oberstufenschüler und besuchte damals ein Wirtschaftsgymnasium. Das waren aufregende Zeiten, insgesamt. Wir Schüler waren damals eigentlich recht selbstbewusst, wir diskutierten viel, über uns selbst und unsere Zukunft, aber zunehmend auch über die Gesellschaft um uns herum. Wir stellten vieles in Frage, sei es im Unterricht und in den Lehrmethoden, sei es in dem, was wir in den Nachrichten hörten. Ich hatte mich zunehmend in der Schülervertretung engagiert, wurde Schulsprecher, dann Stadtschulsprecher. In der Landesschülervertretung hatten wir vor kurzem noch daran mitgearbeitet, dass aus der alten „Schülermitverantwortung" (SMV) eine „Schülervertretung" (SV) wurde, so wie wir sie heute noch kennen.

Die Schülerstreiks – trotz abgeschlossener Türen

An diesem Tag saß ich in meiner Klasse und lauschte nicht sonderlich ergriffen dem Lehrervortrag – ich glaube, es war im Geschichtsunterricht. Plötzlich plärrte ein Megaphon von irgendwoher. „Wisst ihr eigentlich, dass ihr eingeschlossen seid? Wir haben versucht, euren Schulsprecher zu sprechen – das wurde uns von eurer Schulleitung verweigert!". Die Herkunft der Stimme war schnell ausgemacht, durch einen Schritt ans Fenster – der Geschichtsunterricht war erst einmal ausgesetzt. Unten auf dem Schulhof stand eine riesige Menschenmenge, mehrere hundert Schüler eines benachbarten Gymnasiums. Handgeschriebene Transparente waren zu sehen, Stimmengewirr zu hören.

Mir war klar, dass ich irgendetwas tun musste und verließ den Klassenraum, was den Lehrer nicht weiter verwunderte. Mit einem SV-Kollegen betrat ich das Sekretariat, der Schulleiter war nirgends zu sehen. Der sichtlich unsicheren Sekretärin teilten wir eine Botschaft an den Schulleiter mit: Für den Fall, dass die Türen der Schule tatsächlich verschlossen sein sollten, möge er dafür sorgen, dass der Hausmeister diese wieder öffnet. Aus Gründen der Sicherheitsvorschriften – ich glaube, wir argumentierten mit einem hypothetischen Brandfall. Dann sind wir nach unten gegangen und überprüften die Türen – sie waren tatsächlich verschlossen. Aber nicht lange, der Hausmeister kam und öffnete sie wieder. Unterricht fand an diesem Tag nicht mehr statt. Die Schüler beider Schulen vereinten sich zu einem Protestmarsch durch die Stadt, nicht ohne die Schüler weiterer Gymnasien auf diesem Weg „abzuholen". So geschah es in jenen Monaten mehrmals, die Gymnasien veranstalteten Streiktage – gegen den Numerus Clausus (Zulassungsbeschränkungen beim Universitätszugang in bestimmten Fächern) und für Reformen im Bildungswesen.

Die „Rache" des Schulleiters

Interessant ist auch, wie sich „68" auf die ganz persönlichen Verhaltensweisen und Schicksale der Menschen auswirkte, auf ältere wie auf jüngere. Mit meinem Schulleiter habe ich mich anfangs, als ich Schulsprecher wurde und dann Stadtschulsprecher, eigentlich ganz zufriedenstellend vertragen. Er war wohl davon angetan, dass er den Stadtschulsprecher auf seiner Schule hatte, und schleppte mich auch mit zu Empfängen der IHK und anderen offiziellen Anlässen. Dann machte das Gerücht die Runde, dass er nebenher auch für den Verfassungsschutz arbeiten solle und Berichte über aufmüpfige Schüler verfasse. Natürlich fand sich dafür nie eine Bestätigung, aber gewisse Ereignisse ließen dies auch nicht ausgeschlossen erscheinen. Die Zeiten waren halt außergewöhnlich …

Mein Verhalten war sicherlich nicht sonderlich radikal, ich war eher auf Ausgleich und Vermittlung bedacht. Da gab es andere Mitschüler, die sich schon wesentlich kompromissloser im Umgang mit Autoritäten zeigten. So zum Beispiel mein Nachfolger im Amt des Schulsprechers, das ich abgab, einige Zeit, nachdem ich Stadtschulsprecher und Mitglied der Landesschülervertretung geworden war. So hatte ich eines Tages ein Gespräch beim „Chef", als ein Schulfest bevorstand, das der neue Schulsprecher organisiert hatte. Da hörte ich: „Der G. (mein Nachfolger) will eine Nacht der langen Messer veranstalten!". Ich blickte den Schulleiter fragend an, und er erklärte sich in einem Schwall von Vermutungen und Phantasien, was alles an schrecklich Aufrührerischem und Widerständlertum in jeder Nacht geschehen solle. Ich wusste aber sicher, dass da nur gefeiert werden sollte, schließlich dienten Schulfeste auch dem ganz biederen Zweck, einfach nur Spaß zu haben, Musik zu hören und Kontakte zum anderen Geschlecht anzuknüpfen. Das versuchte ich dem Schulleiter klarzumachen – erfolglos. So glitt der Schulleiter allmählich in eine Vorstellungswelt hinein, die dem Verfolgungswahn nahe kam. Sein pädagogisches Weltbild, das offenbar immer nur angepasste und widerspruchsfreie Schüler vorsah, war durch „68“ ins Wanken gekommen. Dass auch ich ihm nun widersprach, ließ sein bisher gutes Verhältnis zu mir ins Kippen geraten.

In der Folgezeit wurde ich aufgrund meiner zugegeben nicht gerade guten schulischen Leistungen unter Druck gesetzt. Einige Lehrer ließen bei der Notenverteilung am Schuljahresende „keine Gnade walten“ und bestanden auf einer „5“ – ich wurde nicht versetzt. Im nächsten Schuljahr gab ich meine Ämter auf und widmete mich allein der Leistungsverbesserung – erfolgreich, wie ich glaubte. Ich erhielt aber wiederum „ausreichend“ Fünfen – und wurde zum zweiten Mal nicht versetzt, damit musste ich die Schule verlassen. Viel später hat eine Lehrerin im persönlichen Gespräch mal zugegeben, dass dies auf Weisung „von oben“ geschehen war. Natürlich machte der Vorgang Schlagzeilen, der Schulleiter einer anderen Schule bot mir sogar an, mich an seine Schule aufzunehmen. Ich aber hatte genug von der „Penne“ und wollte mich lieber „dem realen Leben“ stellen. Kurz darauf musste ich bei der (erfolglosen) Bewerbung beim Bundesgrenzschutz (dort wollte ich hin, weil die Kaserne vor Ort war, beim „Bund“ hätte ich größere Entfernungen in Kauf nehmen müssen) feststellen, dass es bei den Staatsschutzorganen tatsächlich eine Akte über mich gab.

Die Zeit um die 68er Jahre, etwa bis 1970, schloss für viele in den Vierzigern Geborenen das ab, was man gemeinhin Jugend nennt. „Trau keinem über 30!“, war ein Spruch, der in jenen Jahren öfter zu hören war und das Lebensgefühl einer aufbegehrenden Generation kennzeichnete, von der die meisten mit einer gehörigen Portion Misstrauen gegenüber dem Establishment groß geworden waren. Nicht lange danach erreichte diese Generation selbst dieses vermeintlich magische Alter. Jeder einzelne möge selbst entscheiden, was ihm oder ihr diese bewegten Jahre gebracht haben. Dass sie sich – 30 Jahre alt geworden – fortan selbst misstrauten, kann für die

Jahrgänge der Vierziger aber ganz sicher nicht gesagt werden. Sie prägten vielmehr entscheidend die weitere Entwicklung der noch recht jungen Republik, in die sie als Kind hineinwuchsen, und trugen zu deren Stabilisierung und demokratischer Entwicklung bei.

„Trau keinem über dreißig!“ Doch bald wird auch er dieses Alter erreicht haben! (Vorlage: Herkules Verlag)

Was sonst noch geschah

1940 Winston Churchill wird Premierminister in Großbritannien („I have nothing to offer but sweat and tears")

1941 Der deutsche Bauingenieur Konrad Zuse erfindet den ersten arbeitsfähigen, programmgesteuerten, elektromechanischen Digitalrechner der Welt

1942 Michael Curtiz dreht „Casablanca" mit Ingrid Bergmann und Humphrey Bogart: „Schau' mir in die Augen, Kleines"

1943 "Die sechste Armee kapituliert im Januar unter General Paulus in Stalingrad

1944 Das Attentat auf Hitler am 20. Juni scheitert. Finanz- und Währungskonferenz von Bretton Woods (USA), welche die Einführung der Weltbank und des Internationalen Währungsfonds sowie eines festen Wechselkurssystems (1945–1971) beschließt

1945 Die erste Atombombe wird auf Hiroshima abgeworfen „Hütet euch vor den Technikern! Mit der Nähmaschine fangen sie an und mit der Atombombe hören sie auf." (Marcel Pagnol). Kapitulation Deutschlands. Kriegsende

1946 Die erste Konferenz der Vollversammlung der Vereinten Nationen findet in London statt

1947 Die Schallmauer wird zum ersten Mal vom US-Piloten Charles Yeager durchbrochen. Verkündung des Marshall-Plans, einem wirtschaftlichen Hilfsprogramm für den Wiederaufbau in Europa. Die US-Amerikaner leisten zwischen 1948–1952 Hilfszahlungen von 14 Mia. Dollar

1948 Der indische Pazifist Mahatma Ghandi wird ermordet („Kraft kommt nicht aus körperlichen Fähigkeiten. Sie entspringt einem unbeugsamen Willen"). Einführung der West-Mark im Westteil Deutschlands, drei Tage später Einführung der Ost-Mark im kommunistischen Ostteil

1949 Gründung der NATO. Grundgesetz mit 53:12 Stimmen beschlossen. Die beiden deutschen Staaten Bundesrepublik und DDR werden unter alliierter Führung gegründet. Erste Bundestagswahlen. CDU/CSU 31%, SPD 29,2%, FDP 11,9%, KPD 5,7%, Bayern Partei 4,2%, Deutsche Partei 4,0%, Zentrum 3,1%, andere 10,9%. Konrad Adenauer wird zum ersten Bundeskanzler gewählt. Bundesrepublik tritt dem Marshallplan bei, der Wiederaufbauhilfe für Europa

1950 In Frankfurt am Main wird der Zentralrat der Juden in Deutschland gegründet. Ende der Lebensmittel-Rationierung im Westen. Der Korea Krieg beginnt. 1. Volkszählung der Bundesrepublik: 47.557.926 Einwohner. Erstes Fußball-Länderspiel der Bundesrepublik gegen die Schweiz (1:0). Der Preis für einen Liter Normal-Benzin liegt (umgerechnet) bei 28,6 Cent. Rückgang der

Verbraucherpreise um mehr als 6%. Arbeitslosenquote: 11%. 21,2 Millionen Erwerbstätige

In den USA wird erstmals bei einem Menschen am offenen Herzen mit Hilfe **1951**
einer Herz-Lungen-Maschine operiert. Die Bundesrepublik tritt dem Europarat bei. Tariferhöhungen in Deutschland von im Schnitt ca. 15%. Anstieg der Verbraucherpreise um knapp 8%

In Chalk River/Kanada kommt es zum ersten Kernreaktorunfall. Die 3. **1952**
Strophe des Deutschlandlieds wird Nationalhymne. Start des täglichen Fernsehens in Berlin, Nord- und Westdeutschland. Das Betriebsverfassungsgesetz tritt in Kraft

Tod des russischen Diktators Stalin. Volksaufstand in der DDR. Die Arbeits- **1953**
losenquote sinkt zum ersten Mal unter die Millionengrenze. Bei der zweiten Bundestagswahl siegt die CDU/CSU (45,2%) vor der SPD (28,8%) und der FDP (9,5%)

Mit einem 3:2 Sieg über Ungarn wird die Bundesrepublik in Bern Fußballwelt- **1954**
meister. Beschluss einer Grundgesetzergänzung ermöglicht den Aufbau der Bundeswehr. „Tag der Deutschen Einheit" zum ersten Mal Feiertag

Die Bundesrepublik tritt der NATO bei und erhält volle Souveränität. **1955**
Warschauer Pakt gegründet. Der Preis für einen Liter Normal-Benzin liegt (umgerechnet) bei 32,7 Cent. Beginn des Zuzugs ausländischer Arbeitnehmer

Das „Deutsche Fernsehen" beginnt mit der täglichen Ausstrahlung der „Ta- **1956**
gesschau". Wehrpflichtgesetz tritt in Kraft

Die UdSSR starten den ersten künstlichen Erdsatelliten „Sputnik1" und **1957**
eröffnen damit die Ära der Raumfahrt. Die ersten 10.000 Wehrpflichtigen müssen zur Bundeswehr. Wahlen zum 3. Bundestag: CDU/CSU mit 50,2% absolute Mehrheit – Der 80-jährige Adenauer wird zum dritten Mal Bundeskanzler. Reform der Rentenversicherung. In der DDR wird Republikflucht zur Straftat

Chruschtschow fordert die Umwandlung West-Berlins in eine „selbständige **1958**
politische Einheit". Erster Handelsvertrag zwischen der Bundesrepublik und der UdSSR. Gesetz über die Gleichberechtigung von Mann und Frau tritt in Kraft.

Bei der Genfer Konferenz wird über die Berlin- und Deutschlandfrage **1959**
diskutiert. Im Ruhrbergbau beginnt die stufenweise Einführung der 5-Tage-Woche bei vollem Lohnausgleich. Arbeitslosigkeit in der Bundesrepublik unter 1%.

1960 Die amerikanische Firma Searle & Co. bietet die erste Anti-Babypille an. Bundestag beschließt „Gesetz über den zivilen Ersatzdienst". Jugendarbeitsschutz-Gesetz erlaubt im Westen Arbeit erst ab 14 Jahre. Der Preis für einen Liter Normal-Benzin liegt (umgerechnet) bei 30,7 Cent. 26,2 Millionen Erwerbstätige. 1,3% Arbeitslosenquote. Das Bruttoeinkommen der Arbeitnehmerhaushalte hat sich gegenüber 1950 verdreifacht

1961 Die D-Mark wird um 4,75% Prozent aufgewertet. Am 13. August wird in Berlin die Mauer gebaut. Das ZDF wird in Mainz gegründet. CDU/CSU verlieren bei der Bundestagswahl mit 45,3% die absolute Mehrheit (SPD 36,2%, FDP 12,8%)

1962 Die Welt steht während der Kuba-Krise am Rand eines Atomkriegs. Grundwehrdienst von 12 auf 18 Monate verlängert. Verteidigungsminister Franz Josef Strauß tritt wegen der „Spiegel-Affäre" zurück. Erster Einsatz von Industrierobotern bei General Motors

1963 Adenauer und de Gaulle unterzeichnen in Paris deutsch-französischen Freundschaftsvertrag. US-Präsident Kennedy besucht Berlin („Ich bin ein Berliner"). Bundeskanzler Konrad Adenauer tritt zurück. Bundestag wählt mit 279 von 484 Stimmen Ludwig Erhard zum neuen Kanzler. Volkskammer der DDR wählt Ulbricht erneut zum Staatsvorsitzenden, Otto Grotewohl zum Vorsitzenden des Ministerrats. Passierscheinabkommen beschlossen, das West-Berlinern ermöglicht, erstmals nach dem Mauerbau Verwandte im Ostteil der Stadt zu besuchen

1964 Der Minirock revolutioniert die Damenmode. Willy Brandt wird SPD-Vorsitzender. DDR-Rentner dürfen einmal im Jahr in den Westen zu Verwandten reisen

1965 Das erste Truppenkontingent der USA landet in Vietnam. CDU/CSU gewinnen Bundestagswahlen mit 47,6% der Stimmen. Der Preis für einen Liter Normal-Benzin liegt (umgerechnet) bei 29,1 Cent. Bereits mehr als 1 Million ausländische Arbeitnehmer in Westdeutschland

1966 Das legendäre „Wembley-Tor" verhindert den deutschen Sieg im WM-Finale gegen England. Kurt Georg Kiesinger (CDU) wird zum Bundeskanzler der großen Koalition gewählt

1967 Prof. Barnard verpflanzt erfolgreich das erste Herz. In Niedersachsen zieht die NPD mit 10 Abgeordneten in den Landtag ein. Gesetz zur Förderung der Stabilität und des Wachstums der Wirtschaft tritt in Kraft. Gründung der Europäischen Gemeinschaft EG

1968 Die Studentenrevolten in Paris signalisieren den Beginn der Studentenunruhen in ganz Europa („Unter Talaren der Mief von tausend Jahren"). Mehrwertsteuer von 10% ersetzt in der Bundesrepublik das bisherige Umsatzsteuersystem. Studentenführer Rudi Dutschke wird bei einem Attentat auf dem Berliner Kurfürstendamm lebensgefährlich verletzt. Der Bundestag verabschiedet trotz heftiger Proteste die Notstandsgesetze. Auf dem CDU-Parteitag in West-Berlin ohrfeigt Beate Klarsfeld Bundeskanzler Kurt-Georg Kiesinger wegen seiner angeblichen Nazivergangenheit. Der italienische Industrielle Aurrelio Peccei und der schottische Wissenschaftler Alexander King gründen mit 36 weiteren europäischen Ökonomen und Wissenschaftlern den Club of Rome mit dem Ziel, ein ökologisches Verständnis der Weltprobleme zu fördern

Die US-Astronauten Neil Armstrong, Buzz Aldrin und Collins landen als erste **1969**
Menschen mit Apollo 11 auf dem Mond. Gesetz über 100% Lohnfortzahlung bis zu 6 Wochen für Arbeiter im Krankheitsfall verabschiedet. Bundestagswahl: CDU/CSU 46,1%, SPD 42,7%, FDP 5,8%. Die D-Mark wird um 8,5% aufgewertet

Die USA verringern ihre Truppenpräsenz in Vietnam und erhöhen den **1970**
Waffenexport in die gesamte Region. Dritte Volkszählung: 60.650.599 Mio. Bundesbürger. Der Moskauer Vertrag über Gewaltverzicht und Zusammenarbeit wird unterzeichnet. Im Warschauer Vertrag wird die Normalisierung der Beziehungen zwischen Polen und der Bundesrepublik vereinbart. Bundeskanzler Willy Brandt kniet in Warschau vor dem Ghetto-Denkmal. Der Preis für einen Liter Normal-Benzin liegt (umgerechnet) bei 28,6 Cent

Das individuelle Geschenk aus dem Herkules Verlag:

Oh je, wie doch die Zeit vergeht! –
Geboren in den 20ern
von Geo Kaef
80 S., gebunden,
zahlr. S-w-Fotos
(ISBN 3-937924-19-1)

Oh je, wie doch die Zeit vergeht! –
Geboren in den 30ern
von Jochen A. Veeser
80 S., gebunden,
zahlr. S-w-Fotos
(ISBN 3-937924-20-5)

Oh je, wie doch die Zeit vergeht! –
Geboren in den 40ern
von Wolfgang Rudolph
80 S., gebunden,
zahlr. S-w-Fotos
(ISBN 3-937924-21-3)

Oh je, wie doch die Zeit vergeht! –
Geboren in den 50ern
von Günther Klugermann
80 S., gebunden,
zahlr. S-w-Fotos
(ISBN 3-937924-22-1)

Oh je, wie doch die Zeit vergeht! –
Geboren in den 60ern
von Andreas B. Krause
88 S., gebunden,
zahlr. S-w-Fotos
(ISBN 978-3-937924-69-4)

Herkules Verlag

Richard-Strauß-Straße 33 · 34128 Kassel · Telefon (0561) 9 37 17 38
www. herkules-verlag.de